洞見人的渴望
家庭系統
治癒法

心理諮商師的真實記錄

趙中華 著

U0075438

重建心靈的堡壘，找回堅強，
走向內心的和解與平衡

每個人都有屬於自己獨特的故事和挑戰
根深柢固的家庭關係和事件，總是影響著我們的內心
勇敢面對困境，實現自我成長，開啟全新的人生篇章
化解矛盾，重建關係，感受愛與包容的重要性
打破負面循環，重拾生活的勇氣和力量

目錄

第四章　與父母和解，走出家庭陰影

第五章　親子關係：尊重而非操控

第六章　夫妻平等關係：尊重的基石

後記

前言

　　隨著時代的發展，人們的生活水準逐年提升，在物質生活得到極大改善後，對精神生活有了更高的追求，我們的煩惱已經不再是吃飽穿暖，而是開始追求家庭幸福，思考如何教育孩子，過去無暇顧及的情感需求呈泉湧式爆發出來。

　　曾經的婚姻穩定，是因為外部環境極少變化，家庭成員生活狀態相對固定，思想基本同步，同時家庭的生存壓力極大，一家人的溫飽已經讓夫妻雙方筋疲力盡，哪裡顧得上談心靈需要愛的撫慰？太奢侈了。

　　當我們感覺生存問題已經解決時，精神需求就開始變得重要了，過去累積的諸多問題暴露出來，夫妻矛盾更新、親子關係緊張。面對這些問題時，很多人發現自己竟然不知所措，他們開始尋求心理諮商，讓心理諮商師幫助他們尋找答案。在我諮商的個案中發現，不論是夫妻矛盾還是親子問題，我們都能從他們的原生家庭中發現端倪。

　　這也是我寫這本書的初衷。

　　我先後學習了 NLP 心理諮商課程、薩提爾家庭療癒課程、海靈格系統排列課程，基於後現代心理學艾瑞克森催眠、薩提爾家庭治療、海靈格系統排列，開創了自己的家庭

系統療癒體系。

什麼是家庭系統療癒，它與其他的心理諮商有什麼區別？我認為 NLP 研究的是人的心智，薩提爾研究的是家庭成員的關係，系統排列研究的是家族動力與序位，家庭系統療癒融合了以上三種並且加以創新，我不喜歡循規蹈矩，更願意挑戰自己，嘗試做一些創新的事情。

家庭是一個複雜的系統，爺爺奶奶、外公外婆、父母、兄弟姐妹、伴侶、孩子以及祖先這些人物相互關係都在無形中影響著我們。生活中的困惑及出現的問題往往只是冰山一角，所以在做家庭系統療癒的個案時，我會從家族樹的角度來看待案主的問題，然後一起尋找突破口，做出合理分析和建議。

家庭系統療癒做完後效果各異，有的人效果很好，有的人效果不明顯，主要原因是：

第一，欲速則不達。試想健身也不可能一天練出好身材，更何況累積多年的心理問題，不可能做一次心理療癒就能完全解決問題，需要長期的調整。

第二，和案主的心智有很大的關係。心智就是一個人如何看待人、事、物的世界。為什麼說心智不同效果不同，比如案主希望孩子回到學校讀書，我希望案主能明白，一個人去改變另一個人是不太可能的，你越想控制對方，對方越遠

離你。如果案主執意改變孩子，那麼這個個案是很難有效果的，我們的個案主要是讓案主發現事情的真相，原來孩子的情況和我的教育相關，案主要先改變自己，才能改變孩子，此時才會有意想不到的效果。我經常說先處理關係，再處理問題。

第三，和案主的感覺相關。家庭系統療癒重點在人的感覺，每個人的感知力不同。如果案主無法體會別人的感受，他就不會改變內在感受。比如同樣在電影院看同一部電影，每個人感受就會不同，所以我會建議案主進行一些前端的學習，包括一些冥想的練習，這樣對於後期的個案會有很大的幫助！

家庭系統療癒的核心思想是如何從盲目的愛走向覺悟的愛，即喚醒、療癒。一切源於愛，一切始於愛，無數家庭出現困擾，往往都是從愛開始。控制、要求、期待，其中都有愛的成分，可是這樣的愛往往帶給對方傷害，而覺悟的愛是欣賞、接納、允許，這樣的愛帶來的是溫暖。我很喜歡道德經的一句話：為學日益，為道日損，損之又損，以至於無為，無為而無不為。

療癒就是滋養，透過大量個案，我有一個意外的發現，很多的困擾都來自童年未滿足的期待。比如一個嚴厲的父親或是一個經常指責的媽媽，這些對孩子的影響都特別大，後

期我加了大量的滋養療癒的新技巧，現場很多學員都有一種感動與被滋養的感覺，當一個人連繫到愛了，感受到愛了，很多的困擾自然就不見了。往往一個喜歡抱怨的女人其實是需要愛的表現，同時一個所謂無能的男人其實是在等待女人的欣賞，所以這些都和需要被滋養相關，包括很多孩子所謂的叛逆也是在向父母吶喊，我需要你們的愛和肯定！在幫助他們得到心靈慰藉的同時，我也更加堅定了在這條路上走下去，運用自己學到的知識幫助更多的家庭走出困惑、收穫幸福，為社會和諧穩定盡自己綿薄之力。我覺得這是自己對社會最好的回報，也是我人生最大的意義。

　　本書遴選了我諮商個案中具有典型意義的 27 個樣本，其中涉及夫妻矛盾、親子關係、原生家庭影響、不良情緒等一系列問題，我希望讀者從這些案例中得到啟示，也許其中的某一句話就能夠解開困擾你多年的心結，也許就是其中的某一個故事讓你走出心理陰霾，也許就是其中的某一個人物讓你產生情感共鳴，相信這些個案或多或少都能幫助到你，幫你擺脫煩惱，迎接新生。

第一章

缺愛：心靈創傷的烙印

缺愛的三種表現：憤怒、恐懼、麻木。憤怒指經常有莫名的憤怒；恐懼指膽小，什麼都不敢做；麻木指對什麼都不感興趣。孩子為什麼會膽小，非常重要的原因是缺少父愛，母親給予愛，父親給予力量，當孩子到了３歲之後，媽媽一定要和孩子保持一點距離，讓孩子和父親多在一起。對待缺愛的案主，首先要讓他把心中的憤怒發洩出來，然後告訴他多鼓勵自己，接受自己的不完美，學會愛自己。

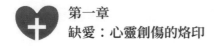
缺愛導致憤怒

案主：女士，20 歲，希望處理憤怒的情緒。

趙中華：妳想問什麼問題？

案主：我想知道我為什麼經常會憤怒。

趙中華：那妳在生活中怎麼表達妳的憤怒呢？

案主：我晚上睡不著覺，睡不著就打遊戲，然後突然我就很會憤怒，我會吼出來，就是那種憤怒和痛苦的吼叫聲，我會把鄰居給吵醒。

趙中華：我先看看這個情緒是怎麼來的？人有情緒是正常的，關鍵是我們要做情緒的主人。

案主：我還有恐懼。

趙中華：妳在什麼時候恐懼？

案主：有時候坐在家裡，突然就會感覺心裡很慌。

趙中華：這種慌是指什麼呢？

案主：就是沒有安全感，或者也可能是有點焦慮。

趙中華：妳之前發生過什麼讓妳感覺很憤怒的事嗎？

案主：我小時候的事好像是一片空白，什麼都想不起來。

趙中華：妳在逃避什麼？妳擔心什麼或者是妳在害怕什

麼？妳回憶一下妳童年印象中較為深刻的一件或者兩件事。

案主：具體的事我想不起來，但是我記得那個感覺就是被忽視，我的童年時期基本上都是被家人忽視。

趙中華：妳有沒有離開過父母？

案主：離開過，從 3 歲到 11 歲。

趙中華：這段時間是誰在帶妳？

案主：爺爺奶奶帶我，他們也會忽視我。

趙中華：爸爸媽媽一般多久來看妳一次？

案主：半年見一次。

趙中華：爺爺奶奶對妳怎麼樣？

案主：也滿好的。

趙中華：當妳每天放學回家，人家都有父母接，妳只有爺爺奶奶接妳，妳有什麼感想？

案主：我小時候其實沒這個概念，我覺得沒有父母在身邊滿好，我反而覺得自由自在。長大了我才發現這段經歷對我有傷害。

趙中華：妳回憶一下，從 3 歲到 11 歲，發生了什麼讓妳印象深刻的事情？

案主：11 歲是一個轉捩點，我被接到父母家，要和父母生活在一起，要去都市讀國中，生活環境變了，我覺得我要重新加入這個家庭，我很不接受這個變化，我好像是以一個

外人的身分重新突然出現在這個家庭，我成為這個家裡的一分子。我覺得很不能接受。

趙中華：妳哭過嗎？

案主：哭過，但很少，比如看電影的時候。

趙中華：痛苦的時候會哭一下。

案主：我跟別人不一樣，我好像可以分離出來一個我，我看著那裡有個孩子，然後她經歷了這些事，然後我就看著她，她遇到問題不知道怎麼辦，她只有一個方法，就是把自己裹起來，然後一點一點失去意識，就像打了麻醉針，一點一點失去感覺，到最後都不知道自己已經麻醉了。

趙中華：妳下面還有弟弟和妹妹，對吧？

案主：對。

趙中華：爺爺奶奶現在還在嗎？

案主：還在。

趙中華：偶爾還去看他們嗎？

案主：經常回去。

趙中華：妳感覺妳是跟爺爺奶奶親一點，還是跟爸爸媽媽親一點？

案主：跟爺爺奶奶親一點。

趙中華：妳的內心應該是有對父母的憤怒。我們來排列一下，請一下代表。

● 排列呈現

（引入案主代表、爸爸代表、媽媽代表、爺爺代表、奶奶代表）

趙中華：大家跟著感覺移動一下（見圖 1-1）[1]。

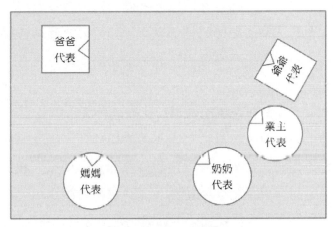

圖 1-1 各位代表排列呈現

趙中華：妳看妳就不想看父母，想離得遠遠的。

奶奶代表：我感覺看到自己的孫女，我就想靠上來。

爺爺代表：我感覺我不想跟任何人在一起，我也不想看見任何人。

趙中華：妳怎麼看待妳的爺爺奶奶？

案主：我感覺爺爺有一點麻木，我爸爸的麻木可能就是

---

[1] 本書案例中的代表都是請真人作為代表，圖中圓形代表女性，方形代表男性，三角代表眼睛注視的方向。

跟爺爺奶奶相關。

趙中華：妳怎麼看待奶奶？怎麼看待他們撫養妳到11歲。

案主：感激他們，其實我心裡覺得我很愛我奶奶。

趙中華：剛才妳說妳很感激他們，這裡就會出現一個問題，妳會認定是爺爺奶奶把妳養大，如果以後我再去接受我的媽媽，我就會覺得有點對不起爺爺奶奶，這也是身分錯位的一種。

案主：就是我把爺爺奶奶當作爸爸媽媽了？

趙中華：對，因為孩子就是誰餵奶給他，誰就是媽媽，確實妳也靠奶奶靠得很近。所以妳需要做一件事，我相信妳有些話是想要對爺爺奶奶說的，但一直沒有說出口。今天我想給妳個機會，能夠感謝一下爺爺奶奶的養育之恩。

案主：奶奶，我很感謝妳！是妳把我帶到這麼大，我是很調皮的一個小孩子，妳付出很多。奶奶，如果沒有妳，我甚至沒有今天，在我最需要愛的時候，是妳抱過我，謝謝！奶奶我愛妳！

趙中華：放鬆一下，對爺爺也說幾句話。

案主：爺爺，我小時候不管什麼時候，你和奶奶都很寵我，甚至是對我有點溺愛，把最好的東西都給我。可能你們不會教育，導致我的性格會有些暴躁，不會處理情緒，但是

我還是要感謝你們，謝謝你！爺爺。

趙中華：跟爺爺奶奶鞠躬，這是第一步，叫表達愛，表達感恩。現在我邀請爺爺奶奶說兩句話。

老師帶著奶奶代表一起說

我是妳的奶奶，我照顧妳是心甘情願的，同時我只是妳的奶奶，我不是妳的媽媽，我沒辦法做妳的媽媽，對不起！

老師帶著爺爺代表一起說

我是妳的爺爺，照顧妳是我心甘情願的，同時我只是妳的爺爺，沒辦法去做妳的爸爸，我永遠愛妳！

趙中華：和爺爺奶奶擁抱一下。妳對自己的父母是有憤怒的，這是正常的，因為妳們中間有情感中斷。現在妳可以把憤怒發洩出來，我給妳一個枕頭，妳可以一邊摔枕頭一邊表達憤怒（見圖 1-2）。

圖 1-2 案主摔打枕頭

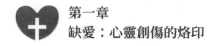
案主：（大聲吼叫，摔打枕頭）你們當初為什麼把我寄養在奶奶家，為什麼？

趙中華：（等案主稍微平靜後）妳現在閉上眼睛想像妳面前有兩個爸爸，一個爸爸是非常麻木、冷漠無情的爸爸，把這個冷漠無情的爸爸用妳的右手把他推開，現在睜開眼睛，妳面前這個爸爸是一個全新的爸爸，妳今天能站在這裡，妳的生命是爸爸給妳的，現在妳需要做的就是去接受爸爸。

老師帶著爸爸代表一起說

女兒，爸爸對不起妳，爸爸錯了，不應該在妳 3 歲的時候，把妳寄養在爺爺奶奶那裡，爸爸不是個完美的爸爸，也不是個稱職的爸爸，但爸爸愛妳的心一直都在。

老師帶著爺爺代表一起說

孫女，因為我有些麻木，所以妳爸爸才會有點麻木。這一點上他也是無辜的。

老師帶著媽媽代表一起說

女兒，我是妳的媽媽，有些事情我做得不對，對不起，請妳原諒！但媽媽愛妳的心一直都在，妳可以喊叫，也可以吶喊，無論妳做什麼，我和爸爸都愛妳。

案主：我沒有之前那麼憤怒了，我感覺到了父母的愛。

　　趙中華：妳現在閉上眼睛。我抓住妳的手，妳每往前走一步，就離妳的童年近一步。妳現在是 20 歲，往前走一步，到 15 歲，想想 15 歲發生了什麼事；再往前走一步，來到了 10 歲，想一下 10 歲發生了什麼；再往前走一步，來到 3 歲，我們和媽媽擁抱一下，感受一下媽媽的愛，現在妳是 3 歲的孩子，放鬆，盡量去感受媽媽的擁抱傳遞出的愛。

　　妳是一個非常有愛的孩子，非常勇敢，妳寧願傷害自己都不捨得傷害別人。

　　案主：我感覺輕鬆很多。

　　趙中華：今天妳很勇敢，妳是我見過這麼多孩子中，非常勇敢的一位，趙老師對妳刮目相看。老師給妳一個作業，第一，有時間唱唱歌；第二，每天擁抱三個人，父母、朋友、同學都可以。堅持 21 天。

趙中華點評

　　憤怒是什麼？憤怒是我想去改變或者去操控一些事情，而沒達到我想要的效果，所以我憤怒。所有的情緒沒有所謂的好壞，情緒是我們人的一部分，關鍵是我們要做情緒的主人。本案主就是很典型的親子中斷引發的憤怒情緒。

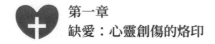
沒有安全感的原因

案主：女士，30 多歲，希望增強安全感。

趙中華：今天妳的問題是什麼？

案主：我覺得沒有安全感。

趙中華：妳希望自己有力量、有安全感，或者找一找為什麼沒力量、沒安全感的原因，或者未來讓自己變得更有力量、更有安全感。是吧？

案主：嗯。我脾氣大，愛生氣，喜歡指責和抱怨。

趙中華：外婆把妳帶大的，帶到什麼時候？

案主：一直到外婆去世，我當時 13 歲。

趙中華：妳覺得妳媽媽是什麼樣的人？

案主：特別善良，樂意幫助別人。

趙中華：妳爸爸媽媽關係好嗎？

案主：我小時候父母關係不太好。我 18 歲以前，媽媽經常發脾氣、摔東西。

趙中華：聊聊妳的爸爸。

案主：我爸爸也是嗓門大、愛發脾氣，小時候動手打過我弟弟，沒有打過我。

趙中華：妳在家排第幾個？

案主：我是老大，下面一個弟弟。

趙中華：妳父母發生矛盾的時候，妳在做什麼？

案主：小時候是走開了，長大後我比較幫我媽媽。

趙中華：妳媽媽在家排第二，是吧？妳外公外婆是做什麼的？

案主：我外公是工人，我外婆是農民。

趙中華：妳了解過妳媽媽的成長經歷嗎？

案主：應該是在寵愛中長大的，因為我外婆也是一個特別善良的人。

趙中華：妳爺爺奶奶他們是做什麼的？

案主：爺爺奶奶是農民，我出生前就已經去世了。

趙中華：妳覺得妳爸爸媽媽之間吵架最大的原因是什麼呢？

案主：主要是我爸爸的原因，一點事沒做好的話，就會指責我媽媽。

趙中華：妳的原生家庭對妳影響滿大的，妳父母脾氣大、愛生氣，所以妳也是脾氣大、愛生氣。在家庭裡面妳是不是覺得妳想拯救父母？

案主：是的。

趙中華：我覺得對妳安全感影響最大的是妳父母脾氣

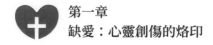

大，在這種環境下長大是很受影響的。

趙中華：我們來排列一下，請一下代表。

● 排列呈現

（引入爸爸代表、媽媽代表、案主代表）

趙中華：跟著感覺移動。大家什麼感受？

爸爸代表：我想給她力量，想關心她。

趙中華：妳爸爸很愛妳。

案主：是的。

趙中華：妳爸爸眼裡只有妳，連老婆都不看，證明妳爸爸確實很愛妳。

媽媽代表：我只想給孩子愛，關心孩子。

案主代表：開始不想靠近他們，不想動，在我自己的世界，他們靠近的時候，我不舒服，想到媽媽旁邊一點，爸爸那邊我完全不想靠近。

趙中華：妳不想動，代表什麼？

案主代表：想有一份安全，在我自己的心裡面，我自己站在我自己的空間是安全的。

（引入外婆代表）

趙中華：臺上的人跟著感覺移動一下。現在什麼感覺？

爸爸代表：我的內心也很孤單。

趙中華：爸爸很孤單，其實妳爸爸很需要愛。

外婆代表：感覺很幸福。

案主代表：看見外婆的時候很溫暖。

（引入老公代表）

趙中華：妳看這個老公很木訥，所以老公在家是較為被動的，站那一動不動。這個系統排列就是這麼神奇。其實妳最需要處理的就是跟妳爸的關係，你們什麼感覺？

（見圖 1-3）

爸爸代表：希望他們幸福。

媽媽代表：我現在感覺所有人跟我在一起，很安穩的那種。

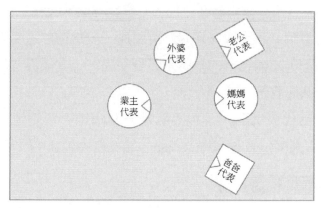

圖 1-3 各位代表排列呈現

案主代表：我感覺跟家人在一起，看到媽媽很有安全感。

老公代表：在丈母娘這邊作為女婿的話，我感覺他們家

的關係不是很和諧，感覺有點不舒服，但是我老婆還是會跟著我，我感覺還好。

案主代表：老公往後退的時候，為什麼離開我，我想站在這裡的時候，媽媽站過來，媽媽搶了我的位置。

趙中華：誰搶了妳的位置？

案主代表：媽媽。就是老公往後退的時候很不舒服。

老公代表：因為站在那個地方，感覺有點壓抑，所以想退一點點。

案主代表：但是你走到那邊，我是很難受的。

趙中華：哦。

案主代表：媽媽站在這裡的時候我有點不舒服。

趙中華：我覺得你們的三角關係，包括爸爸這邊一直都是較遠的，這個爸爸的眼睛是盯著女兒，一直都沒有變過，這是一個信號。

爸爸代表：嗯，因為我就是要關心她，關愛她，支持她。我說的第一句話就是支持她，讓她有力量感。

老師帶著案主一起說

爸爸，我沒辦法做你的妻子，我只能做一個女兒，我也想擁有幸福的生活。你跟媽媽的事，我真的管不了，我沒有辦法管，也沒能力管，我就想做個孩子。我知道你很愛我，我也很愛你，可是我只能以女兒的身分愛你，我沒辦法去彌

補你的缺失，只有我的媽媽才能給你，我給不了，我很累，我很辛苦。

老師帶著爸爸代表一起說

女兒，過去爸爸因為沒有一個好的妻子，甚至我把妳當成妻子。今天我才發現，這種愛對妳是一種壓力，更多的是操控，讓妳沒有安全感。爸爸對不起妳，從今天開始，我要回到我的位置，回到爸爸的位置，以爸爸的身分來愛妳。謝謝妳，女兒。

趙中華：這就是典型的拯救者。

老師帶著媽媽代表一起說

女兒，我這個位置，妳沒資格搶，妳也搶不到，妳只能做女兒。

老師帶著案主一起說

媽媽，爸爸是妳的，我沒資格搶，對不起，從今天開始，我以女兒的身分來愛妳，可以嗎？

老師帶著爸爸代表一起說

孩子，謝謝妳，這麼愛我們，爸爸的事，爸爸的人生，爸爸做主。我過得並不差，這是我的命，妳也救不了。

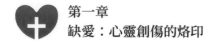

老師帶著媽媽代表一起說

女兒，這是我跟妳爸爸的相處模式，妳也沒辦法去拯救我們，妳也救不了，妳唯一能做的就是自己，我們的人生我們做主。謝謝妳，女兒。

趙中華：有什麼話想對父母說嗎？

案主：爸爸媽媽，祝你們幸福。

趙中華：跟爸媽鞠躬，手自然垂下，想像自己變成一個孩子，真正回到孩子的位置；想像爸爸媽媽長得非常高大，不管他們怎麼樣，那是他們的人生，退出去，還想跟媽媽搶位置？沒資格，完全回到孩子的位置。想像變成一個孩子，真正回到孩子該做的事情，這樣妳才能重新建立家庭，不然這種愛的糾纏永遠在這裡。現在回到妳 13 歲之前的時候，去感受父母的愛。

妳的媽媽不容易，是家裡面第二個，從小就被忽視，因為她缺愛，所以她才會這麼暴躁，她需要愛。為什麼妳的爸爸會打人，會罵人，因為從小父母對他要求高，他害怕做不好，爸爸媽媽就不愛他。回到妳小時候。雖然爸爸媽媽沒有帶妳，妳是外婆帶大的，但在他們心中，一直沒有忘記妳。

老師帶著媽媽代表一起說

女兒，當年我這麼做，我很內疚，請妳原諒媽媽，對不起！

老師帶著爸爸代表一起說

女兒，當年這樣把妳拋棄，是爸爸的錯，請妳原諒我，我願意重新開始。

趙中華：是的，只有這樣，我們的愛才能重新開始；只有這樣，我們這種感情才能重新開始，吸收媽媽的愛，吸收爸爸的力量，在爸爸媽媽懷抱裡開始長大，把愛找回來。現在什麼感覺？

案主：很輕鬆，有一股力量。

趙中華點評

缺乏安全感，孩子會自卑，只有媽媽情緒穩定，孩子才有安全感。一個非常沒有安全感的人，他會給自己穿無數件棉襖，保護自己。你越讓他改變他就裹得越緊，只有你變成了太陽，讓他感覺到溫暖，讓他感覺到愛，他才能脫掉棉襖。那這個溫暖和愛是什麼？就是肯定和讚美。

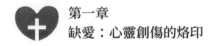

缺乏母愛導致恐懼

案主：女，30多歲，希望探索原生家庭，改善與親人的關係。

趙中華：妳想克服恐懼。妳的恐懼指的是什麼？

案主：我恐懼和人打交道。

趙中華：恐懼哪一種人？

案主：陌生人。

趙中華：妳指的陌生人是馬路上這些走路的人嗎？還是妳被哪個陌生人傷害過？

案主：沒有陌生人傷害我，實際上都是親人在傷害我。

趙中華：哪一個親人？在什麼時間？

案主：太多了。

趙中華：閉上眼睛，現在妳回到小時候，想一想，最讓妳受傷的是在什麼時候？誰傷害妳了？

案主：舅媽，她經常罵我。

趙中華：妳小時候是被誰帶大的？

案主：其中有幾個月是舅媽帶我，其他的時間是媽媽。

趙中華：爸爸呢？

案主：在外面工作。

趙中華：是偶爾回來一下，還是經常回來？

案主：1年回來幾天。

趙中華：這個情況有多久？到妳幾歲？

案主：從我小時候到現在。

趙中華：妳爸爸是做什麼的？有這麼忙嗎？

案主：我現在能理解，他是不願意回來。

趙中華：妳一直被媽媽帶大，是吧？妳還有一個姐姐和一個弟弟，對吧？妳恨妳爸嗎？

案主：以前有過，現在沒有恨的感覺了，麻木了，有這麼一個爸和沒有差不多。

趙中華：妳說妳在小時候被妳舅媽罵，發生了什麼事？當時妳幾歲？

案主：3歲。我記得當時我姐姐8歲，抱我上廁所，因為抱不住，把尿桶打翻了，我就坐在滿是尿的地上哭，舅媽就一直罵我姐姐。

趙中華：罵什麼話還記得嗎？

案主：妳怎麼這麼蠢！

趙中華：還發生過什麼事？

案主：我吃飯多了，她說我蠢，吃那麼多，像豬一樣。我吃飯少了，也是蠢，都不知道吃。

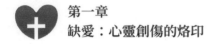
趙中華：妳在 3 歲時在舅媽家待了一段時間，後面還有什麼事嗎？

案主：後面我就一直做噩夢，夢到她來追我，很恐怖。

趙中華：從什麼時候開始做這個噩夢？

案主：從有記憶開始，我就一直在做這個夢，甚至從很高的懸崖掉下去。

趙中華：妳有失眠嗎？

案主：有過。

趙中華：當時妳媽媽爸爸在做什麼？

案主：為了生弟弟。

趙中華：妳的外公外婆是做什麼的？

案主：外公是負責糧食加工的工廠廠長，外婆就是農民。

趙中華：爺爺奶奶做什麼呢？

案主：他們都是農民。

趙中華：妳說妳害怕陌生人，現在又說害怕跟妳親近的人，能說具體害怕什麼嗎？

案主：按照我現在的狀態來說，都沒有那麼害怕了。

趙中華：妳沒那麼害怕了，那妳希望我為妳做什麼呢？

案主：我不知道為什麼？我總是搖擺不定，無法堅持。

趙中華：這是兒童期，妳沒有主見。

案主：不知為什麼，只要提到我父母，我就很容易哭，我只要見到我媽，我就很排斥，包括她說的每一句話、她的眼神、她的面部表情，我甚至不願意去看她。

趙中華：妳是害怕還是恐懼？

案主：厭惡，覺得噁心，我覺得她做的一切都是假的，甚至叫我女兒，我都覺得噁心。

趙中華：妳剛說一提到父母，妳就容易哭，妳是提到爸爸容易哭？還是媽媽？還是他們兩個一起容易哭？

案主：提爸爸，沒有什麼概念，但提媽媽，我就很想哭。

趙中華：為什麼想哭？

案主：因為傷痛，也有委屈。

趙中華：妳指的傷痛是什麼？

案主：她說我怎麼這麼蠢，只要她站在我面前，就會有一個聲音告訴我，當時她說我怎麼這麼蠢。我做任何事情，她都會說我蠢，以前不能提這個事情，但是現在我也可以提了。

趙中華：那今天我們還是來修復妳和爸媽的關係吧？

案主：可以。

趙中華：妳回憶一下，妳媽媽為什麼說妳蠢？

案主：比如洗碗時，我把一摞碗掉地上了，她那種眼神

就讓我很害怕。我總是被我弟弟打，因為被弟弟欺負，她也會說妳怎麼這麼蠢，妳不知道躲開嗎，或者是說妳怎麼不知道讓一下弟弟。我小時候的名字就是爛人。

趙中華：妳媽也這麼叫妳嗎？

案主：所有人都這麼叫我，妳這個爛人。我記得我 5 到 6 歲的時候，我媽和幾個鄰居圍在一起聊天，收廢品的大叔來村裡，我媽和隔壁鄰居就叫，這裡還有一個，快來。那個大叔就真的跑過來了，他們都在笑，說這裡有一個爛人。

趙中華：妳現在跟妳老公關係怎麼樣？

案主：滿好的。遇到任何事情，我們兩個都會溝通，我們很少吵架。

趙中華：不是不吵架就是好，相愛一定會有矛盾，只有麻木了，兩個人就不吵了。只要有愛，肯定是從吵架開始，只是看看吵到什麼地步。我們來排列一下，請一下代表。

● 排列呈現

（引入案主代表、媽媽代表）

趙中華：跟著感覺移動。

案主代表：我感覺有點麻麻的，我不敢看她。

媽媽代表：感覺心裡有點慌，想離得遠一點。

趙中華：妳們兩個人之間有恨，小時候媽媽對妳的傷

害，導致妳和媽媽親近不了，還很害怕。一上來就瞄了一眼，馬上就躲過去了。

（引入爸爸代表）

趙中華：跟著感覺移動。爸爸一上來，案主代表眼裡有渴望，她內心是非常渴望父親的。看你們三個人的關係有多遠？從距離、角度、位置看，都離得非常遠（見圖1-4）。

如果當年妳被別人罵爛人的時候，爸爸能在旁邊為妳撐腰，就不會有人敢說這個話，但沒有一個人會幫妳說一句話，妳還是個孩子，這個外號是很傷人的。我們重現一下當年的場景吧。

媽媽代表：這裡有個爛人，這裡有個爛人。

案主：我麻木了，沒有一點感覺了。

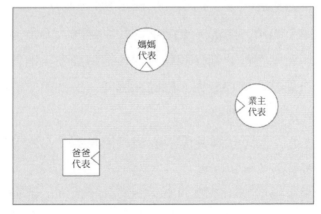

圖1-4 各位代表排列呈現

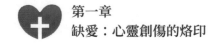

趙中華：如果妳自己不想好，誰也幫不了妳。當妳聽到妳媽說妳是爛人，妳什麼感覺？

案主：因為我是個女孩，所以我才是爛人，是家裡多餘的，所以他們都開玩笑，我媽也是這樣，她好像很不在意。

趙中華：所以說妳還有一個身分的問題，妳媽生第一個是女兒，然後又生了妳，後面才有個兒子。

案主：就是因為生我，所以我爸出去了。

趙中華：妳的經歷確實是很不容易。我們現在想像一下，妳有兩個媽媽，一個是代表生活的媽媽，她經常罵妳，打擊妳；另一個是代表生命的媽媽，她是帶給妳生命的媽媽，沒有她妳就不能站在這裡。我們應該感謝媽媽給了妳生命，但代表生活的媽媽妳可以不接受她，我們接下來處理一下妳對媽媽怨恨。

妳閉上眼睛，回憶一下媽媽當時說妳爛人的事情，把妳這種委屈和怨恨都放到這個枕頭裡，把這麼多年她對妳的所有傷害全部都放到裡面去。妳睜開眼睛，把枕頭重重地摔在地上，一邊摔一邊發洩。

案主：（大哭）妳怎麼可以這樣對待我？為什麼？我恨妳，我恨妳。

代表生命的媽媽：謝謝妳來到我的生命裡，媽媽祝妳永遠幸福快樂！把那些包袱都丟掉，過好妳以後的每一天，媽

媽祝妳快樂、幸福！

趙中華：（等案主平靜下來）她給了妳生命，給了妳性別，給了妳身分。

代表生活的媽媽：女兒，媽媽愛妳，永遠愛妳，過去媽媽錯了，媽媽也不懂怎麼去愛妳，在媽媽的心中，媽媽永遠愛妳！

趙中華：我們來看一下妳媽媽的原生家庭，她有哥哥、姐姐和妹妹，她小時候就沒有得到太多的愛，她不應該說妳是爛人，有可能她小時候被別人這麼說過，所以不是媽媽不想愛妳，是愛不出來，她自己就缺少愛，處於中間的孩子最缺愛，愛都被哥哥、姐姐和妹妹搶走了。所以她不懂愛，甚至可能吃飯都要靠搶，看到媽媽的不容易，學會原諒她。所以我們首先感謝她給了妳生命，生活中有些東西慢慢消化。擁抱一下媽媽。

再看看妳父親，妳每次受委屈受傷害的時候。都非常渴望有一個堅強的後盾在背後支持妳。我們往前走，每走一步就代表妳對父親的渴望，重新去感受父愛；往前走，爸爸我很需要妳；繼續往前走，爸爸我很愛妳；再往前走一步，爸爸我很需要妳，在我五六歲的時候，我很需要妳。

案主：我知道我媽媽是愛我的，我能感覺得到，只是她不知道怎麼愛我，我要去主動擁抱她。

趙中華：好，我給妳個作業。每天鼓勵五個人，同時也鼓勵自己！堅持 21 天。

趙中華點評

毀掉孩子自信的三句話是：你怎麼這麼笨？你怎麼這麼傻？你什麼也做不好。提升孩子自信的三句話是：你真棒！你怎麼做到的？你是我的驕傲。父母一定要注意自己在孩子面前的言行，別因為自己的不當言行毀了孩子的一生。

控制暴躁脾氣的情緒管理關鍵

案主：男士，40多歲，希望學會控制情緒。

趙中華：你想問什麼問題？

案主：我控制不了情緒。如果我兒子晚上不回來去玩遊戲，或者我老婆和我意見不一致，我就會摔東西，或者打老婆和兒子。

趙中華：那你今天的目標是什麼呢？

案主：學會控制自己的情緒，改善和兒子的關係。

趙中華：聊聊你的父親吧？

案主：我父親脾氣也是很暴躁的，但是他很幽默、很風趣，和我母親也經常打架，我覺得小時候總看到他們打架，我媽媽在我爸爸身邊是沒有地位的，他看不起她的。我叔叔說我奶奶也是很嚴厲的，經常會打人。我小時候很怕我爸，在學校裡和同學打架，不管有沒有理由，回家我爸都是先揍了再說。

趙中華：這都是什麼時候開始的呢？

案主：我有記憶後就這樣子。

趙中華：你怎麼看待你爸爸的善良呢？

案主：我爸不發脾氣的時候，平時對我還滿好的。

趙中華：你奶奶怎麼死的？

案主：奶奶是病死的。

趙中華：爺爺呢？

案主：爺爺小時候從來沒有打過我，性格很隨和。

趙中華：聊聊你媽媽吧。

案主：我媽媽就是話多，她一嘮叨，我爸脾氣來了就會打。

趙中華：外公外婆是怎麼樣的？

案主：外公外婆也是病死的，我和外婆的關係一般。

趙中華：聊一下你自己，你怎麼形容自己呢？

案主：脾氣不大好，遇到問題的時候，只站在自己的立場，不考慮對方。

趙中華：這個叫身分等同，就是你會跟你爸爸一樣。

案主：我打了兒子後會很後悔。

趙中華：你爸爸什麼時候去世的？

案主：我爸爸是 2016 年去世的，69 歲，肝癌。

趙中華：很明顯的，你就是身分等同，直接複製你爸爸的脾氣，如果不進行身分解除的話，他的兒子以後 90% 的可能會打老婆、打孩子，會繼續這樣，我們來排列一下，請一下代表。

●排列呈現

（引入爸爸代表、媽媽代表、案主代表）

趙中華：隨著感覺移動。

趙中華：你有什麼感覺？談談感覺。

案主代表：我覺得和媽媽靠近一點舒服，不想到爸爸那邊去。

媽媽代表：和兒子在一起滿好的，還感覺挺舒服的。

爸爸代表：很不錯。

趙中華：你知道你站在什麼位置嗎？

案主：我小時候我看見我媽總嘮叨，我覺得我媽很可恨，但是看見我爸打我媽，又覺得我媽很可憐。

趙中華：你知道你現在站在什麼位置嗎？

案主：站在我媽老公的位置。

趙中華：對。

案主：因為我小時候看見我媽被打得可憐，但是她又喜歡嘮叨。

趙中華：你一目瞭然嗎？而且她還很樂意。請一個爺爺代表、奶奶代表和你自己的情緒代表。

（引入爺爺代表、奶奶代表、情緒代表）

趙中華：還是跟著感覺移動。情緒代表什麼感覺？

情緒代表：感覺有一點悲傷（見圖 1-5）。

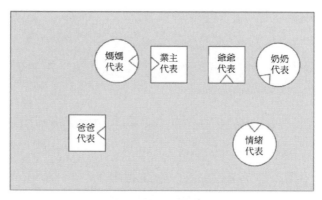

圖 1-5 各位代表排列呈現

案主代表：爺爺上來的時候，還是很喜歡跟爺爺在一起，可是跟爺爺確實沒有太大感覺。

趙中華：爺爺奶奶上來的時候，我感覺情緒代表，你在看他們。

情緒代表：對。

趙中華：你打人的情緒可能源頭在這裡，說說爺爺奶奶。

案主：我奶奶當家，我爺爺不怎麼管事，我奶奶死了，家裡就交給我爸了，我爺爺不怎麼管。

趙中華：你和我一起說幾句話。

老師帶著案主一起說

爺爺奶奶，感謝你把生命給了我們，給了爸爸，也給了我，但這份情緒不是我的，我現在想把這份情緒交還給你。謝謝你！這不是我的情緒，我想做我自己。謝謝！對不起！

趙中華：你們兩個怎麼樣感覺？

爺爺代表：想保護他。

趙中華：現在就處理你和你爸之間的關係。你跟著我說。

老師帶著案主一起說

爸爸，我沒辦法做你，我只能做我自己。我很愛你！同時，我也只能做我自己，我把不屬於我的交還給你，包括那個情緒，那是屬於你的，我做不到。對不起！

趙中華：向爸爸鞠躬，現在你閉上眼睛，回憶一下你小時候，被父親打的經歷，在你小的時候，你印象最深的，對你傷害最大的是在什麼時間？當時你是幾歲？是一種什麼樣的情緒？

案主：恐懼，怕。

趙中華：跟父親說，爸爸，我好怕你，甚至都不敢看你的眼睛。我害怕你。我恐懼你。

趙中華：有什麼感受？

案主：覺得很害怕，很無助。

趙中華：有恨嗎？

案主：恨有一點點，但不是很恨。

趙中華：你假設這是一個角落，躲進這個角落，回憶一下小時候，把你想表達的，表達出來。

案主：爸爸我也不知道你為什麼打我們，總是跟媽媽吵，尤其你喝了酒回來，我們晚上睡熟了，還會把我們的被子掀開打我們，我也不知道為什麼。我現在都還記得有一次你回來，我和弟弟都睡熟了，你把我們的被子掀開要打我們。

趙中華：打你的情緒在身體哪一個部位，不舒服？

案主：在腦袋裡。

趙中華：是一種什麼情緒？

案主：很討厭這個爸爸。

趙中華：很討厭，說我討厭你！

案主：我討厭你。

趙中華：聲音大一點，發洩出來。

案主：我討厭你，我討厭你，我討厭你！你為什麼總是打我們，打媽媽，我討厭你！

趙中華：討厭之後有什麼情緒？

案主：有憤怒。

趙中華：那我們今天把憤怒處理一下，其實你有很大的

憤怒，一直在身體裡，在腦袋裡，給你一個機會把你的憤怒宣洩出來。

案主：可以。

趙中華：你閉上眼睛，回憶你小時候，在被子裡的時候，爸爸掀開被子打你，把這些憤怒都放在枕頭裡，對著這個椅子，一邊摔枕頭一邊把憤怒喊出來，把你這麼多年沉浸在你身體裡的不舒服和委屈都發洩出來。

案主：爸爸我恨你，爸爸我恨你，爸爸我恨你！

趙中華：當你看到孩子這樣子，父親什麼感覺？

爸爸代表：爸爸做得不對，但是爸爸還是愛你的。

趙中華：你做完之後現在感覺好一點了嗎？

案主：好一點了。

趙中華：跟我說幾句話。

老師帶著案主一起說

媽媽，爸爸是妳的，我沒資格搶這個位置，對不起，從今天開始，我以兒子的身分來愛妳，可以嗎？

老師帶著案主一起說

爸爸，感謝你給予我生命，讓我來到這個世界，同時你對我的傷害也是存在的。在生命層面，我謝謝你，在生活層面，剛才我也交還給你了。謝謝你給予我生命，爸爸我愛你！

趙中華：還有什麼要對爸爸說的？

案主：爸爸，你小時候從來沒有鼓勵過我，我們做得再好，你從來都看不到，一點點沒有做好，你總是看到我們那一點點做得不好的地方。

趙中華：你希望爸爸怎麼做？

案主：希望爸爸肯定我。

趙中華：怎麼肯定你，你最希望爸爸說什麼？

案主：兒子，你是我的驕傲，你太棒了。

爸爸代表：兒子，你是我的驕傲，你太棒了。

案主：感覺有舒服一點，感覺我所做的，被爸爸肯定了。我覺得做什麼事都有動力了。

趙中華：你有什麼話想跟媽媽說？

案主：媽媽，妳少說點話，總是嘮嘮叨叨，嘮叨讓我們心裡都煩。

趙中華：你跟著我說幾句話。

老師帶著案主一起說

媽媽，爸爸才是妳的老公，我不是，我也做不到。我曾經想過代替他的位置照顧妳，但最終發現我做不到。

趙中華：這裡有一個身分錯位，他最開始是站在媽媽身邊，想要占據父親的位置，明白了嗎？這是非常重要的。看著父親說。

老師帶著案主一起說

爸爸，媽媽是你的，我沒有辦法，也沒有能力，去擁有她，我只能做孩子，我沒辦法代替你，我只能做我自己，我決定退出了。謝謝你！

趙中華：向爸爸鞠躬。很多時候我們叫「戀母情結」，「戀母情結」有一個最重要的核心是孩子想上位，很多都是這樣的，包括女兒都想上位，想做爸爸的老婆。今天你作為孩子去擁抱他們。現在讓你好好感受父母的愛，父母的溫暖，可能這份愛和溫暖你等了很多年，你繼承了爸爸，爸爸繼承了奶奶，所以現在你唯有選擇寬恕，選擇原諒，你才可以不再繼承家族的傳承，我們這個家族系統才能真正全新開始，讓我們擁有幸福的生活。

從今天開始，你放下你的暴脾氣，因為你已經從系統裡掙脫出來，不需要用打人來證明你是家族裡的人，你無須這樣做。父親代表對兒子說句話。

爸爸代表：爸爸是愛你的。

趙中華：什麼感覺？

案主：感覺輕鬆多了，以前總是背著包袱。

趙中華：你的作業，第一，每天對著鏡子說出自己的三個優點；第二，每天對孩子說出他的三個優點；第三，每天對老婆說出她的三個優點。堅持 21 天，唯獨鼓勵才能滋養。

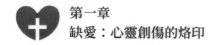

第一章
缺愛：心靈創傷的烙印

趙中華點評

　　暴脾氣的重要原因，是家族遺傳，這在心理學中叫隱藏的忠誠，沒有人能傷害你，除非你允許他傷害，沒有人能控制你除非你允許他控制，要想終結這種遺傳，我們必須要從自己做起，讓自己做情緒的主人，控制情緒，而不是被情緒控制，只有這樣，我們才不會把這樣的暴脾氣遺傳給下一代。

失眠的折磨，揮之不去的童年陰影

案主：男士，36 歲，希望改善睡眠。

趙中華：你是失眠，是吧？有多少年了？

案主：具體一點的話，應該有 10 多年，這幾年最嚴重。

趙中華：失眠到什麼程度呢？

案主：我從一點鐘上床，一直到三四點鐘才能睡著，期間我起來上廁所、喝水、抽菸都會影響到家人睡覺。

趙中華：你印象中從什麼時候開始的？

案主：這種情況準確說在我讀書的時候就有。只是對那個時候的印象不是太深刻，這幾年是越來越嚴重。

趙中華：第一次覺察自己失眠，要找原因，比如說我病了，可能昨天吹了冷氣，比如說我拉肚子，昨天晚上不應該吃螃蟹。你第一次感覺自己失眠，是什麼時候，你覺得跟什麼相關？

案主：有很多問題我解決不了，而這些問題又必須去解決，一到晚上就很焦慮。

趙中華：你小時候發生過什麼？

案主：小時候發生過很多事情。

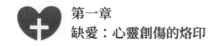

趙中華：印象深刻的重大事件，比如說溺水、親子關係中斷。

案主：我 13 歲時，爸爸拿皮帶抽過我。還有我 5 歲時，我摘了別人的韭菜，我爸拿菜刀要砍我的手，我記得很清楚，因為我怕流血，我把眼睛閉上，我很怕。我 10 歲的時候，去一個親戚家裡面玩，那個親戚把我送回來時，他就和那個親戚吵起來了，然後氣沒地方出，又打我，把我的嘴巴都撕爛了。

趙中華：現在回憶起來是一種什麼情緒？是什麼感受？

案主：我現在回憶起來，感覺像死刑犯人被押到刑場。

趙中華：你內心是什麼感受呢？是一種什麼心情呢？

案主：抗拒和無奈。

趙中華：什麼感受？比如說憤怒、委屈、麻木、焦慮。

案主：我很無奈，很麻木。

趙中華：有憤怒嗎？

案主：過去這麼多年，我已經不憤怒了。

趙中華：當時憤怒嗎？還有他拿皮帶抽你。

案主：拿皮帶抽，憤怒啊。

趙中華：憤怒 0 到 10 分，打幾分？

案主：9 分。

趙中華：因為什麼事他用皮帶抽你？

案主：他經常喜歡在外面和別人爭論，在外面受了氣回來就找我出氣，我放學回來，看到我就不爽，我也沒犯什麼錯。

趙中華：對你的這種打罵不止這兩次，對嗎？

案主：無數次。他還打我的頭，痛幾天的。還有到 15 歲的時候，他付不起學費了，以前經常會有付不起學費的時候，在 12 歲以後，我家經濟條件不好了。

趙中華：我好像聽說你這個頭痛就從這裡開始的，失眠，你說你十幾歲就開始失眠了。

案主：對，就是我在國中的時候。

趙中華：好像這個和他有很大的關係，而且打頭、晚上睡不著也是這個時間段，看來這裡有很大的情緒需要處理一下。

案主：對，我情緒波動很大。

趙中華：感覺到了。

案主：有時我可能感覺整個人跌到地上，有時又感覺整個人飛起來了。

趙中華：這裡有很大的情緒需要被處理，你覺得呢？

來吧，我們來排列一下，請一下代表。

● 排列呈現

（引入父親代表、母親代表、案主代表）

趙中華：跟著感覺移動，大家什麼感覺？

父親代表：有點對立的感覺，感覺有點心悶（見圖 1-6）。

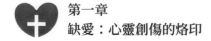

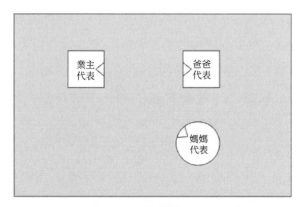

圖 1-6 各位代表排列呈現

母親代表：感覺心裡有點不太舒服。

案主代表：感覺心裡很難受，看到爸爸有一點恐懼。

趙中華：看到爸爸有點恐懼，有點害怕，這兩個人剛好站對面，你看著我，我看著你。你知道你爸爸為什麼這麼打你嗎？你想知道原因嗎？

案主：為什麼？

趙中華：你看你的爸爸是唯一的一個孩子，可想而知，你的爺爺奶奶對他的要求有多高，期待有多大。

案主：我爸爸說他 4 歲的時候，我爺爺就去世了。

趙中華：奶奶呢？

案主：奶奶帶過我，我很懷念我奶奶。

趙中華：你爸爸生長的環境，你覺得怎麼樣？你看到什麼了？

案主：沒看到什麼。

趙中華：你的爸爸從小沒有父親，等於沒有人教他怎麼做父親。

案主：那也不至於這樣吧，我又不是犯人。

趙中華：我知道，是的，這個行為肯定不對。

案主：還有一個資訊，我爺爺去世後，我奶奶為了生活，帶著我爸爸改嫁了，我爸爸的繼父是在我爸爸 24 歲的時候去世的。

趙中華：你對你父親是有點仇恨嗎？我可以用這兩個字嗎？

案主：可以。

趙中華：我不是讓你去接納，我要你看一下你父親這邊的家族，他是唯一的一個孩子，所以說他背負的東西挺多的。

案主：他背負的多，跟我有什麼關係。

趙中華：是跟你沒關係，我只是想讓你看一下。

案主：我弟弟的待遇就不一樣。

趙中華：是的，這裡需要處理兩件事，第一個關於你的情緒，我猜這個情緒，就是你小時候被他毆打，跟你失眠有很大的關係，這是我猜的。第二點，你要處理父子關係，首

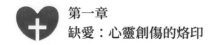

先要處理掉你那個憤怒，那個仇恨和憤怒不處理掉的話，下一步沒辦法進行。

案主：問題是他現在言語裡也還是有點打壓我。

趙中華：我們先做第一步。看著父親，現在也請你閉上眼睛，回憶一下在你小的時候，父親對你的打罵最嚴重的幾次，印象很深的，比如 5 歲的時候拿把菜刀來嚇你，把這個回憶一下，把這種感覺調出來。OK，我看到你有很大的憤怒。

案主：他當時刀就放到這裡（哭）。

趙中華：當時刀就放在這裡，我們這裡可以哭的，想哭就哭，沒關係，當你回憶到他當時刀放在這裡，現在回憶起來是一種什麼情緒？

案主：很無奈。

趙中華：嗯，剛才已經說有憤怒，你前面說有九分憤怒，看著父親的眼睛，有沒有一些話一直想說，小時候你為什麼這麼欺負我，我又不是犯人，你為什麼打我。現在給你一個機會，表達出來，你有什麼想說的話，都可以說出來。

案主：我摘那個韭菜是想吃這個韭菜，家裡沒有，你就至於砍我的手嗎？我這麼多年就在想，我是不是明天就要上刑場，我經常會有這種感覺，明天是不是就要上刑場，因為我不能做我自己，我沒有選擇。

老師帶著案主一起說

我恨你！你為什麼這樣打我？我還是個小孩，我才五六歲，我還是不是你的孩子？你就不能愛我多一點嗎？我很憤怒，你為什麼要這樣對我，你就為了一把韭菜？我恨你！

趙中華：現在把你所有的恨，都放在這個枕頭裡，想想5歲時的菜刀，10歲時挨的打，13歲時的皮帶，把它們都放進枕頭裡，一邊放一邊發洩情緒。

案主：我為什麼要受這樣的罪？

趙中華：放完了就往前走，最後一步，把對父親的憤怒、委屈全放到裡面然後睜開眼睛，你把這個憤怒和委屈的情緒，全部把它摔在地上，你要和它徹底告別，用盡你全身的力量去摔。

父親代表，當你看到孩子這樣，你有什麼話想對孩子說？

父親代表：父親當時做得太過分了，希望向孩子做懺悔。

趙中華：那就做懺悔吧。

父親代表：孩子，真的對不起，在你那麼小的時候，在你那麼不懂事的時候，我不應該把外面受的氣撒在你身上，其實你是無辜的，是父親的無知，是父親的憤怒，轉移到了你身上。對不起，孩子，如果有機會，真的願意讓你把所有

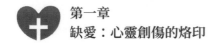

的憤怒發洩到我身上，來撫平你的創傷，對不起，是父親的錯，是父親的憤怒轉移到你身上了，對你的童年甚至後半輩子產生這麼大的傷害，能不能給我一次請求你原諒的機會。

趙中華：當你聽到爸爸這麼說，你有什麼想說的？跟我一起說。

老師帶著案主一起說

爸爸，我需要你的愛，我需要你的肯定，我需要你的認同。

老師帶著爸爸代表一起說

兒子，爸爸愛你！爸爸所有的一切都是愛你，只不過用了你不能接受的方式，傷害了你，對不起，孩子。

老師帶著案主一起說

爸爸，感謝你給我生命，在生命層面，我接受你，謝謝你給我了生命，謝謝！

趙中華：看到爸爸的過去，他也是一個不容易的孩子，他沒有感受過爸爸的愛，你還有人打你，你爸爸連想有個人打他都沒機會，你知道嗎？他多麼渴望他也有個爸爸搧他一巴掌，他沒那個機會，你看到了嗎？所以，今天你自己做選擇，你是否願意放下了，重新開始，這個需要一些力量。你從小跟奶奶一起長大，找個奶奶代表。

（引入奶奶代表）

趙中華：和奶奶擁抱，你從小最喜歡的奶奶，她會支持你的，帶著奶奶給你的力量，去接納這個爸爸，他也不容易，他是一個4歲就沒有了父親的人。你過去這麼多年一直折磨自己，是時候要畫個句點了，奶奶也一直在支持你，願意嗎？

案主：我願意。

趙中華：你是非常有力量的人，不是所有人都願意原諒的，你願意原諒，這是非常難能可貴的。過去擁抱一下爸爸。其實你的爸爸相當於一個沒有父親的人，他也多麼渴望有人愛他，他用了一種你不能接受的方式傷害了你，但是爸爸對你的愛從來沒有改變過，期待的背後是愛，如果沒有愛就沒有期待，你要更多地看到父親的愛，只是他愛的方法是不能接受的，他傷害了你。同時，我們更多地要看到他不容易的一面。

去感受父親的溫暖，去感受父親的懷抱，可能這個溫暖、這個懷抱，你等了很多年，現在去感受他。想像自己帶著可以接受的部分去接納你的父親，在父親的懷抱裡長大，變成一個真正負責任的男孩，變成一個真正願意承擔，願意為自己人生負責任的男孩。

父親代表：孩子我愛你！謝謝你！

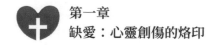
案主：謝謝趙老師，我現在感覺人舒服多了，謝謝我的爸爸媽媽。

趙中華：也許今天晚上睡個好覺。安排個小小的作業給你，每天早上起來對著鏡子說，你可以不完美，我也愛你。後面可以加上，你真帥，你好有魅力，但前面那句話一定要有，堅持 21 天。

趙中華點評

父母對孩子的影響會持續一生，所以父母一定要正確對待不聽話的孩子，有些家長採取打罵的形式教訓孩子，也有的家長採取冷漠的態度，不予答理，這些都是不對的，父母應該走到孩子面前，蹲下來，擁抱孩子，看見即療癒，讓孩子懂得什麼是愛。

第二章

錯位：背負不該承擔的重擔

在家庭中是有序位的，如果身分錯位，做了自己不該做的事，就會覺得特別累，比如孩子覺得父親不稱職，他就去做父親該做的事，或者妻子去做丈夫的事，這樣的錯位人生，家庭成員都不會感覺幸福。幫助案主糾正自己的錯誤觀念，回歸自己。

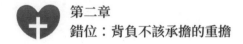

勇敢面對親人的離別

案主：女士，30多歲，希望改善自己的情緒。

趙中華：今天問什麼問題？

案主：最近狀態特別差，可能跟父親檢查出肝癌相關。

趙中華：妳指的狀態差是指哪些方面狀態差？

案主：精神上，內心靜不下來。比如說學校去招生，到學校去找一些負責人談一下，或者今天有家長來學校拜訪，在接待家長時，都會有這種現象。

趙中華：這種情緒有多久了？

案主：從5月分我爸爸檢查出肝癌到現在有半年了。

趙中華：今天的目標是什麼呢？

案主：希望能調整好我現在這個狀態，讓自己的心能夠靜下來。

趙中華：妳怎麼看待妳爸爸得病這件事？

案主：剛開始不能接受，覺得不是真的，不可能。經過半年時間了，也做了三次手術，慢慢也放下一些了。

趙中華：這種靜不下來是一種什麼感受呢？

案主：就是做什麼事，心裡亂糟糟的。開心不起來，恐慌，心裡悶得慌。

趙中華：妳覺得妳無法面對妳爸爸得癌症這個事情？

案主：怕失去。

趙中華：妳爸爸家族有這個病的家族史嗎？

案主：有。大伯是食道癌，三伯是胃癌。

趙中華：爺爺奶奶呢？

案主：很早就去世了，不知道是什麼病。

趙中華：我們探索一下（見圖 2-1）。

（排列呈現引入父親代表、母親代表）

趙中華：爸爸肝癌這件事情，我相信妳心中是有些話想說，我現在給妳一個機會表達一下。

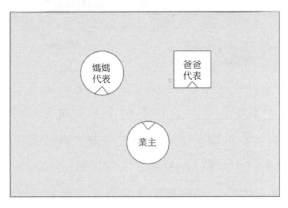

圖 2-1 各位代表排列呈現

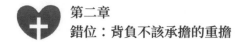
案主：爸爸，我真的不希望你得病，也不想看到你那麼痛苦，不想看到你被病痛折磨的樣子，我覺得是我自己沒用，沒能照顧好你。

老師帶著爸爸代表一起說

我由媽媽來照顧，妳沒辦法做我的妻子，妳只能做我的女兒。

老師帶著媽媽代表一起說

爸爸是我的丈夫，他不是妳的丈夫，爸爸屬於我，妳只能做女兒。

趙中華：妳願意退出來嗎？

案主：我願意。

趙中華：看著爸爸的眼睛。

老師帶著爸爸代表一起說

爸爸的病是我自己的事，與妳無關，也許有一天我會走，但我們還會相見，也許是幾十年之後，不管我走與不走，我永遠在妳身邊，永遠跟妳在一起，妳都是我的女兒。

趙中華：現在有什麼話說？

案主：爸爸，我真的很愛很愛你，我知道你有媽媽照顧，我應該很放心，我相信媽媽會把你照顧得更好。

趙中華：向爸爸鞠躬。現在真正地回到一個孩子的狀

態，想像爸爸媽媽越來越高大，妳變成一個孩子，爸爸的人生有爸爸的命，其實不是爸爸得癌症這件事，是妳沒有完成心智上面那份成熟，捨不得跟他分開，但這一天遲早會來，不管得不得癌症也會來，我們總要面對這一天，父母的離開，總會有這麼一天。

現在還有什麼話想對爸爸表達嗎？你們兩個牽著手。

案主：我想說，在未來的日子裡，有我媽媽照顧你，我好好照顧自己的家庭，好好工作賺錢，讓我爸媽過得更幸福。

趙中華：妳只能做妳能做的，爸爸媽媽希望妳幸福，不是希望妳拚命賺錢，妳拚命賺錢，就沒照顧到妳老公，爸爸希望看到妳的家庭破裂嗎？

父親代表：不希望。

趙中華：爸爸希望妳每天拚命賺錢嗎？

父親代表：不希望。

趙中華：別用盲目的愛去愛別人，父母希望看到妳活得輕鬆滿足，給爸爸媽媽一個擁抱。

妳的焦慮來自妳的遺憾，擔心有些事沒做完妳的父親不在了，妳的焦慮在這裡，而不是賺多少錢，這就是來自所謂盲目的愛。

父親並不希望妳這麼去工作，父親並不希望妳這麼拚

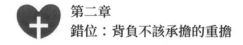
命。妳要明白什麼是愛，不要以妳的觀念去愛，妳只有經營好自己的家庭，把妳這個家族傳下去，這才是對妳爸爸最大的愛。

趙中華：做完以後感覺怎麼樣？

案主：感覺心裡好像輕鬆了很多，也能夠坦然去接受、面對。

趙中華：作業是每天留一個小時給自己，這一個小時屬於妳，可以做任何事，比如說唱唱歌，跳跳舞，每天對著鏡子說三遍：妳可以放鬆。堅持 21 天。

趙中華點評

成年人應該能夠接受父母的離開，父母的離開是我們成人的必經之路，誰都要經歷，一代一代傳下去，生命就是這樣的，不管我們多愛父母，父母總有一天會離開我們，這是事實，我們唯有帶著父母的愛，把生命傳下去，讓整個家族系統變得更興旺、更強大，這才是不枉費父母把生命傳給我們。父母最希望看到的就是自己的孩子每天很快樂、很開心，不希望看到孩子每天很焦慮，所以，讓自己幸福就是對父母最好的報答。

身分的迷失，讓妳失去女性的溫柔

案主：女士，40 多歲，希望改善夫妻關係。

趙中華：妳的問題是什麼？

案主：希望家庭幸福。

趙中華：目前妳家庭情況如何？

案主：冷戰 20 多年，不過我們的冷戰也不是特別冷的那種，還會有感情。

趙中華：你們結婚多久了？

案主：27 年了。

趙中華：妳希望個案結束之後，能夠對妳的家庭有什麼幫助？

案主：我和老公的感情更好一點，和孩子的感情也更好一點。

趙中華：那妳希望和妳老公的感情好到什麼程度？

案主：就是我說話他能認可。

趙中華：我認為這個不叫親密度，這個叫認可度。親密度指的是擁抱、熱吻。我們來測一下三情，第一個是愛情，0 到 10 分，你覺得妳為妳的愛情打幾分？

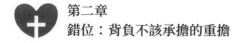
案主：4 分。

趙中華：妳為妳的激情打幾分？

案主：1 分。

趙中華：妳為妳的友情打幾分？

案主：6 分。

趙中華：所以說你們更適合做兄弟。因為妳為友情打了 6 分。妳覺得你們之間最需要提升的是什麼？或者最大的阻礙是什麼？

案主：溝通。

趙中華：是妳不願意跟他溝通，還是他不願意跟妳溝通？還是兩個人都不願意溝通？

案主：都不願意溝通。

趙中華：妳為什麼不想跟他溝通？

案主：我一溝通他就罵我，態度就不好了。

趙中華：比如說呢，妳是怎麼溝通的？妳模擬一下，假設我現在是子老公，妳模擬一下你怎麼跟我溝通？

案主：我說今天有什麼事，我還沒開口，他的態度就不好了。

趙中華：我跟妳說話，在妳的眼神中看不到溫柔。我想問妳到底是男人還是女人？

案主：我想變成女人。

趙中華：妳的眼神太犀利，這就是為什麼妳老公不願意跟妳溝通的原因。妳從小認同妳這個身分嗎？

案主：認同。

趙中華：你剪短頭髮多少年？

案主：7 到 8 年了吧？

趙中華：說一下妳成長經歷中都發生了什麼？為什麼妳不夠溫柔？為什麼眼神這麼犀利？

案主：我覺得我和我媽媽一樣。

趙中華：跟妳媽很像，是吧？這是非常典型的複製。妳媽脾氣不好表現在什麼方面？

案主：喜歡抱怨。

趙中華：還有呢？

案主：如果我們不做什麼事了，她就發脾氣、罵人。

趙中華：從小罵妳多嗎？

案主：罵我倒不多。我們家有三姊妹，罵我姐姐罵得多些。

趙中華：妳姐姐是老大，妳上面還有個哥哥，你是老么，對吧？

案主：對。

趙中華：妳跟妳老公吵架也是指責和抱怨，有動手嗎？

案主：以前有。我老公和我都強勢。

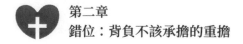
趙中華：你們動手誰贏？

案主：分不出輸贏。

趙中華：我個人感覺妳沒有女人的溫柔是妳婚姻中最大的問題，如果妳想要家庭幸福，這件事對妳非常關鍵。小時候發生過什麼印象深刻的事？

案主：我 6 歲時，我媽媽做了手術，手術失敗留下後遺症，身體一直不好，我上國小的時候家裡總是提醒我，說媽媽會死。

趙中華：妳的親子關係有中斷嗎？

案主：一直和爸爸媽媽一起生活。

趙中華：妳的父母吵架，一般是妳媽媽強勢一點，還是爸爸稍微強勢點？

案主：我覺得我爸爸媽媽跟我們夫妻一樣，雙方都強勢。

趙中華：妳爸爸現在去世了嗎？

案主：去世了。

趙中華：什麼時候去世的？

案主：2013 年。

趙中華：現在妳媽媽有再婚嗎？

案主：沒有。

趙中華：妳父母吵架誰的嗓門大一點？

案主：我媽媽很強勢，但是她怕我爸爸，我爸發脾氣，她就怕他，她就會聲音壓低一點。

趙中華：我再問妳一個問題，妳以前穿裙子嗎？留長頭髮嗎？

案主：小時候穿過裙子。

趙中華：妳從什麼時候開始短頭髮？

案主：我結婚前頭髮稍長些，但也不是太長。我從來都沒有留過長髮。

趙中華：發生了什麼事讓妳沒有溫柔了？

案主：我感受不到爸爸媽媽的愛。

趙中華：感受不到他們的愛。

案主：我們家的親戚都說在我們三個孩子中，我父母最喜歡我，我姐姐挨打最多，從來沒打過我。他們都說我父母愛我，但是我感覺不到。

趙中華：發生了什麼事？讓妳感受不到愛，讓妳的整個人都不像個女人？回憶一下。

案主：我小時候感覺家裡不是很有錢。我就很想賺錢幫家裡。我 16 歲開始出去打工賺錢，賺了錢寄回家。

趙中華：妳為什麼這麼拚命地賺錢？

案主：我就巴不得家裡越來越好。

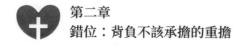

趙中華：妳想證明什麼？妳想證明妳是個女兒，但和妳哥哥一樣優秀，是嗎？

案主：我哥哥不優秀。

趙中華：那妳是想證明妳比他更優秀嗎？妳這麼努力想證明什麼？

案主：我想幫助我爸爸媽媽。

趙中華：妳想拯救他們。妳覺得妳哥哥做得不稱職，讓妳來做，是嗎？

案主：我哥哥一直都老實。

趙中華：對，妳覺得他老實，不像個男人，所以妳要做得比他更好，妳覺得妳更有資格來拯救這個家，妳要證明妳比哥哥更優秀，妳才是家裡最厲害的。所以妳沒有溫柔，所以妳和老公關係不好？因為你們是兩兄弟在一起結婚。妳犀利的眼神，讓人畏懼。

我們現在做一下身分解除，好吧？選一下代表。

●排列呈現

（引入媽媽代表、爸爸代表、案主代表、姐姐代表、哥哥代表）

趙中華：大家跟著感覺移動，都有什麼感想？

媽媽代表：心裡就想逃離。

爸爸代表：我開始想去追隨媽媽，但深深地感覺到她想

逃離我，所以我不知所措，我就定在這了，然後他們向我聚集的時候，我覺得胸口很堵，手有點麻。

哥哥代表：我一上來就不想跟媽媽在一起。

姐姐代表：我想跟妹妹在一起。

趙中華：這裡面有一個重要線索。妳選了一位女士代表妳哥哥。這是很大的一個線索。為什麼這裡有男的不選，選女的？被我說中了，在妳心目中，哥哥像個女的，妳希望自己做男的，所以妳的問題出現在哪裡？就是妳和哥哥身分錯位。妳覺得哥哥做得不稱職，不像個男的。所以妳來做男人。妳看妳的髮型、服裝、眼神都像個男人。

為什麼妳老公跟妳溝通不了？他覺得是兩個兄弟在說話。

這個家裡面還有個線索，就是妳的媽媽，妳看妳媽媽和妳爸爸站得這麼遠，說明他們關係很疏離。妳媽媽感覺在這個家被孤立了，三個孩子全都圍著父親。可見你們從小在心裡面是特別渴望父愛的，特別渴望被爸爸關心，所以很關注父親。

案主：是的，我覺得我爸爸在家裡很重要。

趙中華：再請一個妳老公的代表（見圖2-2）。

（引入老公代表）

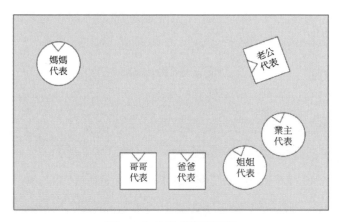

圖 2-2 各位代表排列呈現

老公代表：我想靠近她，但是感覺到她好像帶刺似的。

趙中華：（對案主說）妳有什麼感覺？

案主：我想靠近老公，但是我又不願意往前走。

趙中華：對，我看得出來，妳還是想靠近老公，但妳走到這裡就停住了。

案主：是的，我想靠近他，但靠近了又怕。

趙中華：妳的怕是指什麼？哪方面怕？妳害怕妳受傷還是害怕什麼？

案主：我想靠近他，我害怕他不理我。我老公說感覺我帶刺。

趙中華：妳老公也說這話？

案主：其實我老公也不是不喜歡我，有時他喝醉了酒，總是說喜歡我，然後說我身上有刺。

趙中華：妳為什麼讓妳老公感覺無法靠近呢？是因為有一個人一直住在妳心裡，這個人就是妳的哥哥，妳和妳哥哥身分重疊，所以導致妳不能像女人一樣活著。另外一個問題就是妳的原生家庭，妳的爸爸和媽媽的關係，在妳的婚姻中得到複製。

案主：我爸爸媽媽吵架歸吵架，但是我爸爸還是對我媽滿好的。

趙中華：好，我們來做身分解除。妳跟妳哥哥關係怎麼樣？

案主：我以前不喜歡哥哥，我哥哥太軟弱，他把家裡搞得一塌糊塗。

趙中華：妳有什麼話想跟哥哥說？

案主：哥哥，我對不起你。以前我看不起你，感覺你把這個家搞得很不好，我們都不想回家。我錯了，哥哥，我以後會尊重你、愛你，對不起！

趙中華：不錯，再跟著我講幾句話。

老師帶著案主一起說

哥哥你是男孩，我才是女孩，我不能做男孩，我只能做女孩，哥哥，你比我大，我要尊重你，哥哥，我愛你！哥哥，我退出來了。從今天開始，我回到女孩的位置。謝謝你，哥哥。

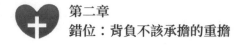
趙中華：向哥哥鞠個躬，往後退一步，這一步就代表妳從男人的身分退出來了，回到妳女人的位置。哥哥就是哥哥，他做得再不好，他也是哥哥，妳還想搶他的位置？

妳還想去做哥哥，那個位置不屬於你。

爸爸媽媽過來。站對面。妳一定有一些話想對妳爸爸說的。可能這句話一直沒有機會說。我給妳一個機會。跟妳爸爸表達一下。

案主：爸爸，我愛你。我一直沒有對你表達我對你的愛。我對不起你，你生病的時候，我沒好好照顧你。我錯了。我以後會永遠把你放在心裡的。

趙中華：再跟著我說幾句。

老師帶著案主一起說

爸爸，我有資格做女孩嗎？我可以溫柔嗎？我可以像女孩一樣活著嗎？爸爸，謝謝你！爸爸，我愛你。

趙中華：和媽媽有什麼話想說？

案主：媽媽，我一定會好好孝敬妳，我一定會好好愛妳，把妳放在心裡最重要的位置。

趙中華：妳再跟著我說幾句。

老師帶著案主一起說

媽媽，我可以溫柔嗎？我不想像妳一樣。我想做回我自己。媽媽，我很愛妳。曾經我跟妳一樣。那一切都是為了

愛。但是今天，我想做我自己。我想回到一個女人的位置。以女人的身分活著。媽媽，可以嗎？

媽媽代表：可以。

趙中華：向媽媽鞠躬。給爸爸媽媽一個擁抱。好，老公過來站對面。老公再認真盯著老婆的眼睛看看，還帶不帶刺？

老公代表：好一點了。

趙中華：現在妳跟著我說。

老師帶著案主一起說

老公，我現在決定變成女人，妳可以接受我是個女孩子嗎？老公，對不起！過去有些事情傷害了妳，對不起！

趙中華：聽完她這麼說，你有什麼話想說？

老公代表：其實我是很愛妳的。

趙中華：向老公鞠個躬，妳只有真正變成女人，妳老公才能變成男人。妳沒有變成女人，妳老公永遠變不成男人。女人跟隨男人，男人服務女人，妳一定要記住這句話。妳只有真正溫柔了，變成一個女人，妳老公才有力量來愛妳，才會關心妳。不要害怕妳說話他不理妳，不會的，只要妳溫柔起來，男人就會來愛你。好，我安排一個作業給妳，每天對老公撒三次嬌，妳回去一定要做。

第二章
錯位：背負不該承擔的重擔

趙中華點評

　　案主是典型的身分錯位，明明是女孩，但一定要做男孩，由於這樣的錯位，在婚姻中表現得缺乏溫柔，影響夫妻之間的正常溝通。

身分錯位造成的婚姻危機

案主：女士，39 歲，希望改善夫妻關係。

趙中華：妳想問什麼問題？

案主：我想改善夫妻關係。我們經常會莫名其妙地吵架。

趙中華：一般是誰先發火？

案主：我老公隔一段時間就想要我罵他一下，他會故意讓我發火。

趙中華：妳講一件事，我聽一下。

案主：比如上個星期，那天我很早要去上班，我把洗好的衣服收了，就放到床上沒摺，等到晚上回來的時候，我發現衣服沒摺，而孩子在洗澡，我馬上要抱孩子出來，我就喊我老公，讓他把衣服摺一下，他就不願意做，自己一個人躺著玩手機，我就說你幫一下忙，他後來看我在幫孩子洗澡，他就跑進屋摺衣服，但他只摺了自己的衣服，其他衣服沒摺，他就想著我會罵他，但是我那天沒罵他，他就很不舒服，第二天他又來哄我，他說妳罵我吧，我就這樣子，怎麼了？

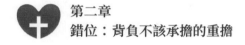
趙中華：在婚姻裡，妳認為妳是做了妳老公的媽媽、女兒，還是妻子。

案主：他可能經常把我當媽媽。

趙中華：所以當妳做了他的媽媽，妳的老公就會在妳面前撒嬌，就會扮演兒子，他認為妳是媽媽，妳要照顧他的情緒，妳要對他負責，妳要照顧他的生活。他的想法已經很明顯了。妳希望透過諮商達到什麼效果？

案主：我想知道怎樣才能和他好好相處？

趙中華：很簡單，做一下身分確認，妳不是他媽媽，而是他妻子。

案主：我有時候跟他開玩笑，我說我又不是你媽。

趙中華：這個不用說，需要用行動。

案主：但是在家裡他根本就不願意做家事，就像摺衣服一樣，他只把他的衣服摺好，然後不摺我和孩子的衣服。

趙中華：在婚姻中，妳把他當成了老公，還是把他當成了爸爸，還是把他當成了兒子？

案主：多數時候是把他當成老公，偶爾有時候也會當成爸爸。

趙中華：你們雙方都存在身分錯位。所以在婚姻裡最大的問題就是身分不確定，相互身分錯位，就會出現很嚴重的

問題。那如何修復呢？我們一定要看看妳父母之間的關係。
我們看一下妳的原生家庭，妳有一個妹妹是寄養的，是吧？

案主：對。

趙中華：你覺得妳爸爸媽媽關係怎麼樣？

案主：非常好，在我印象中，他們就是夫唱婦隨，我媽
媽特別包容我爸，我爸也很關心我媽。

趙中華：妳覺得家裡面有愛嗎？有幸福嗎？

案主：有。我們家吃飯都會在一起。

趙中華：妳爸爸脾氣暴躁嗎？

案主：他的暴躁表現在我們如果學什麼事學得慢些，他
就很不耐煩，對我們發火，因為他的能力很強。

趙中華：妳爸爸打過妳媽媽嗎？

案主：沒有。

趙中華：平時在家裡面，爸爸是什麼應對姿態，指責？
討好？理智？

案主：我媽媽很喜歡抱怨，媽媽抱怨的時候，爸爸會回
她幾句，但沒說幾句他就會走開。

趙中華：我們來排列一下，請一下代表（見圖 2-3）。

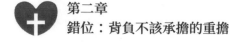

● 排列呈現

（引入爸爸代表、媽媽代表、案主代表）

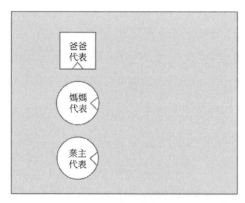

圖 2-3 各位代表排列呈現

趙中華：臺上的人眼神交流，跟著感覺移動，走到一個你感覺舒服的位置。大家都有什麼感受？

爸爸代表：我覺得能看見她們兩個就感覺滿好。

媽媽代表：我覺得我站在這裡挺舒服的。

案主代表：我也想看著他們兩個人。

趙中華：這樣看一家人還是挺和諧的。他們兩個吵架的時候，妳怎麼做的？

案主：我一般都不會說什麼，有時候我會說爸爸你不要說我媽媽。在我記憶中他們很少爭吵，因為他們兩個人天天都出去做事，做到晚上 8、9 點鐘才回家。

趙中華：這裡還有個重點，就是妳站在這個位置，給我們

的感覺是你有點高高在上的感覺，在家裡好像妳才是最大的。

案主：平時在家裡我們聽爸爸的多。

趙中華：一般是男性站在右邊，女性是在左邊。可是現在右邊第一個是妳，爸爸是在最後面。妹妹請上來吧，看一下有沒有變化？

（引入妹妹代表）

趙中華：臺上的人跟著感覺移動。妳寄養的妹妹是多大到你們家來的。

案主：她出生九天，我爸爸就抱過來了。

趙中華：妹妹有什麼感覺？

妹妹代表：就是很想跟姐姐在一起，覺得跟姐姐在一起有安全感。

案主代表：妹妹一上來我就感覺心跳得很快。

媽媽代表：她一上來，我覺得好像渾身有點發冷。

爸爸代表：我覺得家裡面多一個人也蠻好。

趙中華：妳的爸爸總要調到一個能同時看到你們三個人的位置，少看一個都不行，所以可以看出來，妳的爸爸為這個家確實付出很多。

案主：對，他操了很多心。

趙中華：而妳的妹妹選擇站在妳的旁邊，而沒有選擇站在媽媽的旁邊，這也是一個信號，妳和妳妹妹關係怎麼樣？

案主：特別好，她有什麼事都願意跟我說。小的時候因

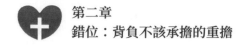

為爸爸媽媽出去做事，都是我帶她。

趙中華：哦，那有沒有可能妳在替某個人做某些事？

案主：應該是。因為爸爸媽媽很累，所有平時都是我帶她。

趙中華：妳覺得妳在做什麼位置？

案主：媽媽。

趙中華：對。所以這個地方要做一個身分解除。妹妹跟我一起說。

老師帶著妹妹代表一起說

姐姐，謝謝妳一直照顧我，非常感謝妳！感謝妳的付出！（向姐姐鞠個躬）妳是我的姐姐，妳只能做我的姐姐，妳不能做我的媽媽。姐姐，我愛妳，謝謝妳！

趙中華：現在擺出妳父母吵架時的樣子，你們三個分別都站在什麼位置？妳會說什麼？

案主：你們兩個人不要老是吵來吵去，有什麼好吵的？少說兩句就好了。

趙中華：妳站的這個位置就是在調節他們兩個的關係，妳成了父母的父母，身分錯位，因為這種身分錯位，妳在自己的婚姻中就會去做伴侶的父母。面對爸爸，妳和我一起說。

老師帶著案主一起說

你是我的爸爸，我是你的女兒，我只能做你的女兒，我沒資格做你的媽媽，我只能回到我的位置。原諒我的傲慢。對不起！

趙中華：面對媽媽，跟我一起說。

老師帶著案主　起說

妳是我的媽媽，我是妳的女兒，我只能做一個女兒能做的，我沒資格去做妳的媽媽，去操控妳，對不起！我要回到我女兒的位置，以女兒的身分來愛妳。

趙中華：人不輕鬆是什麼原因？人不輕鬆就是身分不對，身分一對，人就輕鬆了。擁抱一下爸爸媽媽。

解決了妳原生家庭的問題後，我們再看看妳和老公的關係。

案主：其實我很愛他，他也很愛我，但是我們兩個人經常會因為一些雞毛蒜皮的小事鬥嘴。

趙中華：好，請老公代表上來（見圖2-4）。

（引入老公代表）

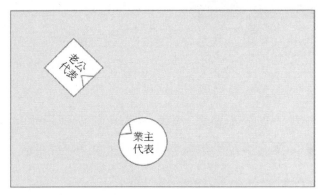

圖2-4 案主與老公的關係呈現

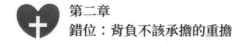
趙中華：跟著感覺移動。老公感覺怎麼樣？

老公代表：緊張。

趙中華：妳看他就像個兒子一樣，看到媽媽就很緊張。

案主：我感覺自己挺嚴肅的。

趙中華：為什麼夫妻感情不好？明白了嗎？

案主：因為他怕我。

趙中華：對。就像兒子怕媽媽。

案主：他總說他怕我。

趙中華：對，妳是軟操控。他很怕妳，妳知道他為什麼怕妳？因為他怕他媽，如果一個男人從小被他媽掌控，很害怕媽媽，他就會很害怕老婆，妳找到答案了吧？我現在引導他說兩句話，妳內心去感受一下。

老師帶著老公代表一起說

妳是我的老婆，我是妳的老公，我只能做妳老公，我沒辦法做妳的兒子，更沒辦法做妳的爸爸，去填補妳的空虛，去滿足妳的寂寞。對不起！

趙中華：老公不理妳，對妳冷漠，說明他對妳還有恨，妳知道嗎？愛有多深，恨就有多深。下面妳再和我一起說幾句話。

老師帶著案主一起說

你是我的老公，我是你的老婆，曾經我對你有些要求和期待，這些要求和期待是我對我爸爸的要求和期待，對不起！我把這些放在你的身上，對你很不公平，現在我把它收回來，你是我的老公，我們兩個是平等的，從今天開始，你可以做自己，我尊重你，不再控制你，我愛你！同樣也很欣賞你。老公請你原諒我，過去我做了你的媽媽，我沒資格做你的媽媽，我只能做你的老婆，可以嗎？

老公代表：可以。

趙中華：好，你們擁抱一下。

案主：我以前確實沒有意識到自己身分錯位，現在回想起來，因為家裡沒有男孩，經常被別人欺負，所以我潛意識裡就會去做一個男孩，承擔更多的責任。

趙中華：我可以安排個作業給你。就是嘗試撒撒嬌，向丈夫示弱。

案主：明白了。

趙中華點評

處理兩性關係，就要圍繞原生家庭，只有知道原生家庭父母對他的影響，才能找到根源。我常說，屋子漏水，要先修二樓，二樓問題不解決，一樓的漏水問題永遠無法解決。

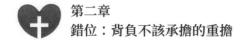
完美的父親導致伴侶標準的提高

案主：女士，39 歲，希望提升自身力量。

趙中華：妳今天問什麼問題？

案主：我離婚 10 年了，一直不敢再走入婚姻。

趙中華：妳今天想要達到什麼目標？

案主：想讓自己變得更堅強。我感覺自己常常委曲求全，願意討好對方。

趙中華：妳之前找過男朋友，交往不是很順利，是吧？

案主：對。

趙中華：未來有什麼打算？

案主：我一直害怕再婚，感覺自己還會重蹈覆轍，因為我父母的婚姻就不幸福。

趙中華：妳形容一下妳的媽媽。

案主：她很愛嘮叨。

趙中華：妳覺得妳在婚姻中嘮叨嗎？

案主：剛結婚時我不嘮叨，但後來莫名其妙地看老公越來越不順眼。

趙中華：形容一下妳的爸爸。

案主：我爸爸很勤奮，還有責任感。

趙中華：一旦女兒覺得爸爸特別完美。那她以後婚姻就會有問題，因為爸爸就是參照物，她總要把丈夫和爸爸做比較。談談妳小時候印象較深的事情。

案主：我記得 8 歲的時候，我父母吵架吵得很厲害，媽媽要喝農藥，爸爸要上吊。我國小三年級時，我外婆去世了。當時我媽帶我去參加葬禮，我媽對我說，到了外婆家，妳就假裝哭。

趙中華：妳學會了隱藏自己。

案主：我記憶裡爸爸沒有好好和我聊過天，也沒有抱過我，他一直在外面工作，一年回來 1 到 2 次。

趙中華：這種狀態持續多久？

案主：從我 9 歲到 14 歲。

趙中華：那妳憑什麼說妳爸爸負責任？

案主：我們家從無到有都是我爸一手操辦的，家裡房子都是我爸蓋的，而且送我們去讀書，為他的弟弟妹妹也付出很多。

趙中華：妳形容爸爸幾乎全都是正面的詞，勤奮、顧家、善良、有責任心、能吃苦。所以妳離婚和妳有個完美的爸爸有很大的關係。

案主：我和我爺爺感情很好，但我爺爺去世時我沒去送

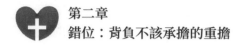

他，因為我兒子當時才幾個月，我一直感覺很遺憾。

趙中華：妳對爺爺的離開有愧疚。妳小時候是和誰一起長大的？

案主：我和我爺爺一起生活，當時我還要帶我弟弟妹妹去讀書。我媽媽後來也跟著我爸爸出去打工了，我帶著我妹妹弟弟和我爺爺在一起。

趙中華：當時妳多大？

案主：9 歲的樣子。

趙中華：相當於妳又當爸又當媽。

案主：對，我父母每月給我點錢，我就承擔家裡的開支。

農地裡的工作我也需要請人去做，自己還要讀書，還要照顧弟弟妹妹。我覺得我都沒玩過，從小都是一直做事，很累。

後來因為家裡蓋了房子，花了很多錢，雖然父母沒有說不讓我讀書，但是弟弟妹妹還要讀書，所以我就自己決定不讀書了，16 歲我就出去打工了。當初我自己不捨得花錢，省錢給弟弟買了一部手機。

趙中華：那妳今天希望達到什麼效果呢？

案主：我希望自己變得更堅強。

趙中華：妳心裡有很多委屈，在婚姻中妳的委屈多嗎？

案主：也有。

趙中華：我們來排列一下，請一下代表（見圖 2-5）。

● 排列呈現

（引入爸爸代表、媽媽代表、案主代表）

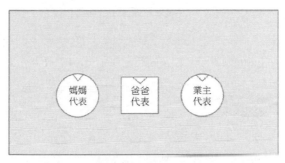

圖 2-5 各位代表排列呈現

趙中華：代表眼神交流，跟著感覺移動。這裡已經很明顯了，兩個女人在爭一個男人。很明顯妳想做妳爸爸的妻子，妳覺得爸爸這麼優秀，又勤勞，又顧家，又負責任。而媽媽做得不稱職，把妳爸爸逼得上吊，妳想自己來做爸爸的妻子。這是身分錯位。為什麼妳的婚姻不幸福？因為妳認定爸爸是最優秀的男人，其他男人都是垃圾，妳為什麼會挑他的毛病，根本原因在這裡。案主代表什麼感覺？

案主代表：我就想在爸爸旁邊，感覺很好。

爸爸代表：他們兩個站在我左右，我覺得都可以。

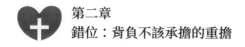
媽媽代表：我一開始眼睛裡面只有他，但是後來我發現我又想推開他，不靠近我才舒服。

趙中華：妳需要做個身分解除，我帶妳說幾句話。

老師帶著案主一起說

爸爸，我很愛你，甚至我都願意犧牲我自己的幸福，這是我的原因，我一直都以你為標準，從今天起，我要做我自己。

老師帶著案主一起說

媽媽，我很愛妳。爸爸是屬於妳的，對不起，我只有資格做女兒，我沒有辦法去搶妳的位置，沒有辦法成為妳。對不起！

老師帶著爸爸代表一起說

女兒，妳是我的女兒，我是妳的爸爸。我只能做妳的爸爸，不能做妳的老公。

趙中華：對爸媽鞠躬，從心裡面退出這個位置。請弟弟妹妹代表上來（見圖 2-6）。

（引入弟弟代表、妹妹代表）

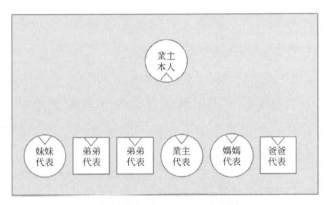

圖 2-6 案主看到自己的付出

趙中華：妳要記住妳站的位置，妳只是姐姐，妳休想代替她做媽媽，不管她做得稱不稱職，她都是媽媽。小時候因為特殊的原因，妳確實付出了很多，把妳的童年、青春全部奉獻給妳的兩個弟弟和一個妹妹。我現在要請這兩個弟弟和妹妹對姐姐鞠躬。感謝姐姐。跟我一起說幾句話。

老師帶著弟弟妹妹代表一起說

姐姐，謝謝妳為家裡付出這麼多，感謝妳，現在妳不需要犧牲自己的幸福，妳只是姐姐。姐姐，我們長大了，妳不用操心了，妳過好妳自己就可以了。妳對我們的愛我們早就感受到了，從今天開始妳可以做回你自己。妳可以去找回屬於妳的幸福。姐姐，我們愛妳，祝福妳，永遠愛妳。

趙中華：為什麼妳不敢走進婚姻，因為妳心裡總是牽掛

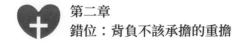
很多人。妳牽掛的人越多，就越會忽略自己。妳一直想做烈士，烈士情懷就是用最小的代價換一輩子的榮譽。

妳現在回憶一下妳小時候最需要父母的事情是什麼？

案主：小時候，弟弟妹妹都睡了，我就想誰來哄我睡覺。有時農地裡的工作做不完就不能睡覺，我感覺很累。這些時候我都很想爸爸媽媽。

老師帶著案主一起說

媽媽，我需要妳。爸爸，我需要你。我很害怕，有時我真的很需要你們。

老師帶著媽媽代表一起說

媽媽對不起妳。孩子，妳辛苦了。妳替我承擔了很多家庭責任，妳替我付出了很多，謝謝妳，女兒，妳真棒！

老師帶著爸爸代表一起說

女兒，謝謝妳為這個家做的貢獻，特別是妳為弟弟妹妹的付出，妳辛苦了，謝謝妳。現在妳有資格做自己，爸爸的命運是爸爸自己的選擇。妳是我的驕傲。爸爸愛妳！

趙中華：現在你們擁抱一下，妳感受爸爸媽媽的愛透過身體的接觸，傳到妳身體的每一個部位，完全融入妳身體的每一個細胞。

案主：我輕鬆了很多。剛才弟弟妹妹向我說謝謝的時候，我整個人變得很輕鬆。

趙中華點評

我幫助案主解除了她的身分錯位，同時也讓她看到弟弟妹妹對她付出的認可，然後讓她從父母的愛中找到力量，這樣她才能輕裝前進，去尋找自己的幸福。

第三章
缺乏自信：從原生家庭獲得力量

　　經常否定孩子，孩子就會缺乏自信，身為父母應該允許孩子犯錯，孩子都是在犯錯中成長的，最能展現父母智慧的就是孩子犯錯時如何引導他。案主不自信，就要引導他意識到沒人是完美的，我們都不完美，完美等於完蛋，應勇敢接受自己的不完美，積極面對生活。

探索不自信的根源

案主：女士，49 歲，希望提升自信。

趙中華：妳想問什麼問題？

案主：希望提升自信。

趙中華：在妳成長經歷中，什麼時候被否定過？

案主：在我的印象裡面，我媽媽對我基本上沒有什麼鼓勵。

趙中華：妳外公做什麼的？

案主：在一個小石灰礦做礦工，有時候做點小買賣。我外婆就是家庭主婦。

趙中華：妳爸爸去世了？

案主：對，在我還沒出生的時候他就去世了，是煤礦坍塌了，他被壓在裡面。

趙中華：爺爺奶奶是做什麼的？

案主：農民。爺爺肝癌去世了。

趙中華：妳離婚是誰提出來的？

案主：是他先提出來的。

趙中華：妳現在有男朋友嗎？

案主：沒有。

趙中華：妳媽媽有再婚嗎？

案主：她 40 歲時又結婚了。

趙中華：妳知道父親葬在哪裡嗎？

案主：知道。移了幾次墳，在我們離婚前不久移到了我前夫的家鄉。

趙中華：為什麼移到他家鄉？

案主：因為當時政府徵地，讓我們移墳，我前夫決定把我父親移到他家鄉去，以後我們回去祭奠父母的時候，就一起祭奠了。

趙中華：我們來排列一下，請一下代表。

●排列呈現

（引入案主代表、爸爸代表、媽媽代表）

趙中華：跟著感覺移動，大家談談感覺（見圖 3-1）。

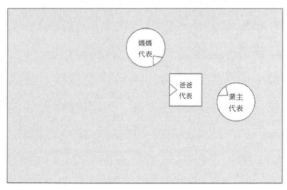

圖 3-1 各位代表排列呈現

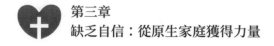
爸爸代表：我感覺呼吸困難。

案主代表：我想跟著爸爸。

媽媽代表：我想跟著老公一起，但是我又想看著女兒，我心裡有點慌。

趙中華：妳媽媽承擔了很多家庭責任，很不容易，懷著妳六個月，就沒有了老公，一個人還要帶著妳兩個姐姐。

媽媽代表：感覺很孤獨，也很無助。我很想靠近老公，但是我又捨不得女兒，但女兒又不理我。

趙中華：有可能妳媽媽想追隨妳爸爸去，但又放不下妳們姐妹三個。

媽媽代表：我很想跟女兒在一起，我很想跟她親近，我一直跟在她後面，但她就一直離開我，一直走，我都追不上，她完全不關心我。其實我很愛她，我很想跟她在一起。

趙中華：妳媽和妳關係怎麼樣？

案主：原來不太好。我媽肯定是關心我的，但是我感覺不到，同時我有一點煩她的性格，有點排斥她。

趙中華：現在閉上眼睛，回到妳的童年，回到妳最渴望爸爸的時候，比如說妳受過委屈，比如說妳受到傷害，比如說妳被別人否定，比如說妳被媽媽打，妳會怎麼樣？

妳特別需要爸爸的時候是什麼時候？回到妳的童年，不要睜開眼睛，慢慢往前走，每走一步妳就變小一些，走到妳

最渴望爸爸的時候，妳的爸爸現在就在妳面前，可以去擁抱一下妳爸爸。去感受一下妳爸爸的聲音，去感受一下妳幼小的心靈，擁抱妳的父親，感受父親的愛，父親的愛會讓有勇氣面對所有的挫折和困難。妳跟著我一起說。

老師帶著案主一起說

爸爸，我很想你，非常渴望你的擁抱，當我看到別人都有爸爸的時候，我也想有爸爸，我很需要你。

老師帶著爸爸代表一起說

爸爸一直都在陪著妳，妳身體的每一部分都有我的一半，女兒，妳要接受現實，爸爸雖然不在了，但我會以另一種方式和妳在一起，爸爸永遠愛妳！

趙中華：妳從開始到現在，有點活在夢幻世界，妳為什麼這樣？因為妳不願意接受現實，妳甚至覺得父親還沒走。去感受爸爸的愛，在他身上感受力量，把這個力量變成自己的。

老師帶著案主一起說

爸爸，你不在了，有一天我會來找你，我們總有一天會相聚，但不是現在，也許是 50 年之後，也許是 60 年之後，但總有一天我們會相見，爸爸，感謝你給予我生命，謝謝你！爸爸，我愛你！

趙中華：很多人不能勇敢面對現實，比如說有個親人去

世，他不接受，就一直活在夢幻當中。我覺得妳挺了不起的，很多孩子還不一定能夠建立自己的家庭，她有了兩個孩子，雖然婚姻出現了一些情況，但是我相信未來一定會好起來。

老師帶著案主一起說

爸爸，我會是個成功快樂的人，請允許我用有這樣的方式來愛你，以後當我遇到困難的時候，只要想到你，我就擁有了力量，擁有了自我價值，爸爸，謝謝你！爸爸，我愛你！

爸爸代表：女兒，其實爸爸當年也很捨不得離開妳，其實爸爸很愛妳的。

趙中華：好，再擁抱一下。妳現在不再是孩子，妳是成人了，妳以後不要怕犯錯，只有孩子才怕犯錯，怕爸爸媽媽說自己，記住老師的話，妳每犯錯一次，就是一次成長，所以不用怕犯錯，犯錯了可以改正。

案主：謝謝老師。

趙中華點評

什麼是自信？自信是我相信我有能力能夠在每天的事上獲得輕鬆、滿足、成功、快樂的人生，這叫自信，人為什麼沒自信？一定和被否定有關係。那什麼叫自我價值？我是一個有價值的人，我值得被愛，同時我有能力去愛別人，推銷自我，一個人長時間被否定，他的自我價值肯定就不高。

母親的否定造成的傷害

案主：男士，40歲，希望改善緊張情緒。

趙中華：今天問什麼問題？

案主：我遇到事情很容易緊張，無形中總有一股壓力，好像在不停地否定我。

趙中華：這種感覺從什麼時候開始的？

案主：從國小開始。

趙中華：國小時發生了什麼？

案主：在我成長過程中，我爸媽從來就沒有肯定過我。如果我想做什麼事或要什麼東西，不管我如何哭鬧，都得不到我想要的結果。

趙中華：你是醫生，是嗎？

案主：我主要是中醫，治頸肩腰腿痛，現在是家庭醫師。

趙中華：你是老大，下面有個妹妹，是吧？

案主：是的。

趙中華：你爸爸是做什麼的？

案主：我父母都是農民，他們經常吵架。

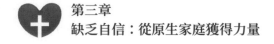
趙中華：你和前妻離婚後，又結婚了，還有兩個兒子。

案主：我前妻和現在的妻子都覺得我很優秀，其實她們都非常愛我。但我覺得她們從來就沒有走進過我心裡。

我前一段婚姻，因為我出軌而結束了，我前妻，一開始別人也不看好，但是後來大家都覺得她很好，至少比我好。我和現在妻子在一起的話，在別人眼裡，不管是對孩子還是對我爸媽，對身邊的每一個人，對我的朋友，他們都說我這個老婆也很好。而我永遠是錯的那個人。

趙中華：聊聊你父母。

案主：我媽媽就是不管我做什麼事，她都否定我。我爸爸就較為懦弱，但好像又是因為他顧全大局，我父親三兄弟，只有我爸結婚了，我爸對我媽的態度就是反正我也說不過妳，我就不理妳。

趙中華：你的緊張情緒是因為不自信，和你的成長經歷相關，一直被否定。我們來排列一下，請一下代表。

● 排列呈現

（引入爸爸代表、媽媽代表、案主代表、妹妹代表）

趙中華：跟著感覺移動。你父母吵架，你幫誰多一些（見圖 3-2）。

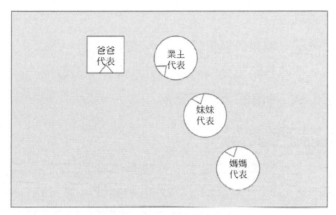

圖 3-2 各位代表排列呈現

案主：我會讓媽媽少說幾句。

趙中華：所以媽媽在家裡是較為強勢的，是吧？

案主：她也不是特別強勢，反正就是無理取鬧。

趙中華：從你們站的距離看，你和你媽距離挺遠的。

你說媽媽對你有一些否定。那爸爸呢？

案主：我爸爸4歲的時候，我爺爺就不在了。我爸爸很木訥，不太會表達情感。

趙中華：你媽媽一直否定你，你內心有什麼想法？

案主：就是感覺我媽媽好像小孩子一樣，一直就沒長大，好像什麼事情都是無理取鬧，最後都是我們家裡其他三個人去收這個場，沒有她什麼事，反正搞砸了就搞砸了，明天這個日子沒辦法過了就沒辦法過，好像都與她無關，反正

她就這樣做。

趙中華：你對媽媽有什麼渴望？

案主：就是希望媽媽能夠像正常人一樣愛我。

趙中華：那你跟我一起說。

老師帶著案主一起說

媽媽，我需要你的愛。但我沒有感受到你的愛，你知道嗎？我的心裡接受不了別人。我特別渴望，我也特別期待。媽媽，你能像正常人一樣愛我嗎？

媽媽代表：我也喜歡你，但不會表達。

趙中華：你知道為什麼媽媽不知道如何愛嗎？因為她沒有得到愛，她也是被別人否定，她從來沒有被肯定過，她都不知道肯定為何物，所以她把僅有的一點點愛給了你。否定也是一種愛，人的所有行為都來自愛，指責、抱怨、否定也是愛。以前你看到的是否定的一面，現在你要看到她愛你的一面，這就是關鍵。如果你看不到愛的一面，你就會總是去注意否定。和媽媽說謝謝，然後擁抱一下媽媽，閉上眼睛，好好感受一下你媽媽的心。你希望媽媽怎麼肯定你？

案主：兒子，在我心裡你最棒！

媽媽代表：兒子，在我心裡你最棒！

趙中華：你最渴望爸爸說一句什麼話？

案主：我愛你，無論你怎樣，我都愛你。

　　爸爸代表：無論你怎樣，我都愛你。孩子，無論你怎麼樣，爸爸媽媽都愛你。

　　趙中華：我安排個作業給你，每天鼓勵自己，最少十遍：我非常有力量，我非常棒！連續 21 天。

趙中華點評

　　從小一直被否定，就會缺乏自信，他結了婚之後，他對什麼最忌諱？對否定最忌諱的。一旦他老婆否定他，他就很生氣，因為他太在乎。所以他需要被肯定，用自我暗示的方法，經常肯定自己。

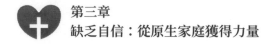

為什麼做事會缺乏勇氣？

案主：男士，30 多歲，希望提升自身的勇氣。

趙中華：今天問什麼問題？

案主：我想提升自身的勇氣。

趙中華：聊聊你的原生家庭。

案主：大概我 4 歲左右，爸爸媽媽就去世了。

趙中華：你身體怎麼樣？經常生病嗎？

案主：我身體不好。我父母去世後，我姐姐把我帶大的。

趙中華：你想提升自身的勇氣，你理想的狀態是什麼樣？

案主：我做什麼事都不敢到前面去做，我想改變這一點。

趙中華：你的婚姻情況怎麼樣？

案主：以前不好，現在還不錯。

趙中華：你的成長經歷中有什麼印象深刻的事？

案主：我在公司裡遇到別人欺負我、打我，我都沒什麼

感覺，我基本上沒哭過，我總覺得這些事是正常的，感覺自己很麻木。

趙中華：你這個不單單只是麻木，別人總是欺負你，別人總是說你，而你不敢反抗，這個在心理學上叫資格感，就是你不能拒絕別人，你覺得你沒有資格，因為你一旦表現不好，你害怕別人不愛你，你一旦說不，你就害怕別人不愛你。

案主：是的。

趙中華：所以你特別渴望愛，根源就是親子關係中斷，你從小失去父母，你就每天戴著個面具，表明自己是個好孩子。人的憤怒有兩種，一種對外，就是摔東西罵人，還有一種憤怒是對內，覺得自己不夠好，自己沒用，就容易得憂鬱症或者自閉。人是不可能沒有憤怒的，當一個人沒有憤怒，就代表這個人總是戴著面具。你閉上眼睛，回到你的童年，一群人欺負你，那一次你沒有發火，本來你準備發火，可是你又沒辦法發，在你小時候一定發生了什麼事，有人對你說，你不應該發脾氣，你要乖，你不要跟別人去爭，別人都是對你好，這都是大道理。

案主：大概在我 10 歲時，我到我二姐家，鄰居家的孩子罵我，說我是沒有父母的孩子，這件事印象很深。

趙中華：我們來排列一下，請一下代表（見圖 3-3）。

● 排列呈現

（引入爸爸代表、媽媽代表、鄰居家孩子代表）

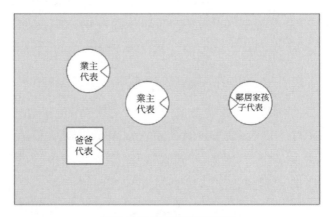

圖 3-3 各位代表排列呈現

鄰居家孩子代表：你就是沒父沒母的孩子。

趙中華：它是你人生最大的一個障礙，剛才我看到你的情緒反應，現在我需要你大聲地對他喊出來，說我是有父有母的孩子，大聲說出來。

案主：（大聲喊）我是有父有母的孩子。對，我是有父母的孩子。

爸爸代表：兒子，我是你的爸爸。你有資格戰勝任何人。

　　媽媽代表：兒子，我是你媽媽。你有資格戰勝任何人，我要你把欺負你的人打回去，你有資格戰勝任何人。

　　趙中華：現在我邀請你。帶著你父母的這種力量。把鄰居家的孩子從這裡推到後面去。必須大聲發洩出來。誰說你沒父沒母？那你怎麼在這裡？你是一個有爸爸媽媽的人。爸爸媽媽所有的愛都給了你。你一邊說我是有爸爸媽媽的孩子，一邊罵他，一定要把心中的憤怒發洩出來。如果你不希望你的兒子像你這樣懦弱，你一定要改變自己，今天必須把火發出來，沒有退路。把你這麼多年想罵的、想說的話全都說出來。

　　現在連繫你父母的力量。所有的力量從你的頭頂進入你的大腦，進入你的耳朵，進入你的身體。你是有資格的，你是有能力的。

　　案主：我有爸爸媽媽，你再也不能欺負我了。

老師帶著案主一起說

　　爸爸，我真的很想你。當我人生遇到很多挫折，我時刻都在想，在我不開心時，如果你在我身邊該有多好！

老師帶著案主一起說

　　媽媽，你受過的委屈，我一直放在心裡，我希望去實現你的夢想，我知道你想要我有個幸福的家。

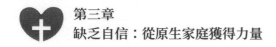
爸爸代表：孩子，我的離開是心甘情願，你做不了我，你只能做我的孩子，你沒有資格做我。

媽媽代表：兒子，媽媽的離開，讓你受苦了，讓你受委屈了。對不起！

趙中華：你一直想活成你爸的樣子，你要轉變，要活成自己。

老師帶著爸爸代表一起說

兒子，媽媽是屬於我的，不屬於你，我跟她的婚姻是我們兩個的選擇，你只是孩子，從爸爸的角色裡退出來，兒子你想幹嘛？你想去做你爸爸嗎？你做不到，你沒資格，你只會很辛苦。

趙中華：那是他們的位置。你做了你爸爸的位置。你兒子需要爸爸的時候。他去哪裡找爸爸？所以為什麼你老是問我，趙老師，我兒子怎麼辦？你兒子找不到父親，感覺不到父親的存在，因為你的心在父母這裡，所以你要退出去。

閉上眼睛，擁抱父母，感受父母的愛，丟掉你的理念，丟掉你虛偽的面具。真正地面對他們。你的作業是每天擁抱三個人。堅持 21 天。

案主：謝謝老師！

趙中華點評

　　孩子為什麼會膽小？非常重要的力量是來自和父親的連繫，母親給予愛，父親給予力量。如果孩子膽小、自卑、內向，很大的原因是和父親的連結不夠，和父親多相處，才能變得勇敢擔當。力量就是打擊時能站起來，遇到瓶頸能突破。

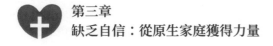
經常被否定的陰影

案主：男士，39 歲，希望提升自信心。

趙中華：你問什麼問題？

案主：我想提升自信心。

趙中華：你結婚了嗎？

案主：結婚 12 年了。

趙中華：目前和妻子關係怎麼樣？

案主：還不錯。我主要是想提升在工作中與人溝通交流的能力。

趙中華：你與人交流的狀態更像爸爸還是更像媽媽？

案主：像爸爸多一點。

趙中華：你覺得你爸爸是一個什麼樣的人？

案主：爸爸老實、勤勞、固執，做人很正直。

趙中華：你小時候父母離開過你嗎？

案主：在我 3 歲左右父母離開過 1 年多，我在外婆家待了 1 年多，之後就一直和媽媽在一起。

趙中華：形容一下你的媽媽。

案主：我的媽媽勤勞，也很明事理，她和人打交道的時

候。給人的感覺是很通情達理。在做人方面大家很認可她，大家也很喜歡她。

趙中華：你父母吵架時，一般是誰說對方多一點？

案主：我媽媽說得多一些，因為我爸喜歡喝酒，我媽媽就經常說他。

趙中華：你覺得你爸爸對你要求高嗎？

案主：我父母很少表揚我。

趙中華：你有印象深刻的事嗎？

案主：我印象最深刻的是 2009 年，當時我想在別的行業去嘗試一下，我父母都反對，他們不希望我冒險。另外，我父母現在和我住在一起，他們經常會說一句話，你不在我眼前我也不管你，但現在你在我們身邊，我們就要管你。說實話，我非常討厭這句話。他們經常嘮叨，告訴我該怎樣做事，我特別反感。我有時就會說現在不是你們教育我的時候，你們應該在我小時候教育我，我說這話後他們就會很生氣，他們覺得他們說的話我就要聽，按他們說的去做，不能讓他們覺得他們說的話沒用。

趙中華：現在你的爸爸媽媽，還有你一家四口全部住在一起？

案主：是的。

趙中華：你對父母有恨嗎？

案主：有。

趙中華：我們來排列一下，請一下代表（見圖3-4）。

●排列呈現

（引入案主代表、爸爸代表、媽媽代表）

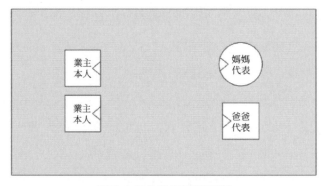

圖3-4 各位代表排列呈現

趙中華：大家跟著感覺移動。很顯然這個距離代表你和父母的關係不好，不然這個距離不會這麼遠。你什麼感覺？

案主代表：我很抗拒，我看都不願意看他們。

母親代表：我看著他，心又慌又想看。

趙中華：你長時間被否定、被控制，你內心有很多的想法想說，可是被父母壓抑，不讓你說出來，你需要表達出來。請閉上眼睛，回憶一下。你的父親對你的管控在你內心深處產生了什麼情緒？或者你回憶一些具體的事情。

案主：我想到的是2009年的時候，我自己想去做一些調

整和挑戰的時候。

趙中華：你當時多大？

案主：我當時 26 歲。

趙中華：現在是 26 歲的你，你回想一下，當你的爸爸反對你去做這件事時，你內心是什麼感受？有憤怒嗎？

案主：有憤怒。

趙中華：非常憤怒是 10 分，不太憤怒是 1 分，你是幾分？

案主：大概 7 分。

趙中華：那還是很嚴重的。那接下來你把你內心這麼多年一直想說的話說出來。你跟著我說。

老師帶著案主一起說

你是我的爸爸，你為什麼這麼不相信我？也不給我一次證明自己的機會。我恨你。

案主（大聲地發洩心中的憤怒）：我恨你，我恨你。

你是我的爸爸嗎？你為什麼不相信我？你為什麼不相信我？別人可以看不起我，所有人都可以批評我，所有人都可以說我不行，全世界可以否定我，但你哪怕只是有一點點相信我，我也會非常高興。小的時候就有人看不起我，否定我，和別的小朋友玩，我會經常羨慕他們有個愛他們的爸爸，羨慕他們的家庭氛圍非常溫暖。我內心非常要強，我一

直想證明自己是最好的，我現在其他東西都有了，但唯獨沒
有爸爸的肯定。

趙中華：抱著這個枕頭，把你的憤怒或者委屈，把爸爸
對你的控制和否定，全都放進這個枕頭。現在要用最大的力
氣，把這個枕頭甩出去（見圖 3-5）。你可以大聲地喊，把你
這種情緒發洩出來，有些傷痛，我必須要放下。

已經發生的事我們已經無法改變，我們是成年人，我們
必須要為自己的未來負責任。

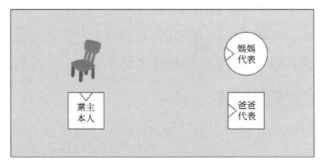

圖 3-5 案主砸枕頭發洩情緒

案主：（邊摔邊喊）讓你管我！不要管我！

趙中華：請問父親心裡有什麼感受？

爸爸代表：我的心很痛，爸爸傷害了你，請你原諒！

趙中華：閉上眼睛，回憶一下，你最希望父親鼓勵你的
兩句話是什麼？

案主：我相信你可以的，你就是我的驕傲。

趙中華：好。請父親代表反覆重複這兩句話。

爸爸代表：你是我的驕傲，你可以的。你是我的驕傲，你可以的。

趙中華：我們再來看看你爸爸，你爸爸在他的原生家庭裡上面有哥哥，下面有弟弟，他也經常被忽視。控制的背後來自害怕失去，你爸爸從小到大失去的太多，得到的愛太少了。

老師帶著爸爸代表一起說

我不是個完美的爸爸，但是我愛你的心一定是真的。請你原諒，你願意原諒我嗎？

趙中華：你可以表達自己，你可以犯錯。人際關係不好最大的原因就是害怕說錯話，害怕自己說錯話讓別人不高興怎麼辦，所以一定要勇於犯錯。和爸爸擁抱一下，想像有一道光從你的頭頂射進來，這道光代表著自信，現在它從你的頭頂到你的眼睛你的耳朵，到你的腳尖，到你的指尖，到你身體的每一個細胞、每一寸肌膚。這道光讓你感受到爸爸的力量和媽媽的愛。你完全有資格做自己，我完全有資格去犯錯，你完全有資格不完美，因為沒有人是完美的，從今天開始做不完美的自己，完全有表達自己想法的自由，你可以被接納，也可以被欣賞，你身上的不自信就像霧霾一樣散掉，白色的光進入你的身體，從今天開始你變得自信了。

案主：我感覺輕鬆了。

趙中華：安排個作業給你，每天對著鏡子說，你有資格做自己，你有資格犯錯，你有資格不完美。堅持 21 天。

趙中華點評

孩子不自信往往是兩個原因，第一總是被否定，就是一個人無論做什麼事都被否定，他就很難自信；第二是父母追求完美，父母什麼都管，孩子就會畏首畏尾，就會沒有自信。

如何讓一個長時間被否定的人重新建立自信？肯定。只有愛才能化解黑暗。

第四章

與父母和解，走出家庭陰影

所有人的成長都離不開父母，和父母關係不好的人，和別人的關係也處不好，這是無法躲開的關係，只能完全接受你父母本來的樣子，只要願意放下仇恨，隨時都可以放下，願意輕裝上陣還是痛苦一輩子都是自己的決定。

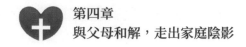

與父母和解，尋找內心幸福的關鍵

案主：女士，30 多歲，希望改善和父母的關係。

趙中華：妳今天的問題是什麼？

案主：我想改善和父母的關係。

趙中華：我們先聊聊妳爸爸，還是先聊聊妳媽媽？

案主：先聊聊媽媽吧。我媽媽從小到大對我要求非常嚴格，她認為女孩子禁忌多，有很多事情不能做，並且控制欲很強，不論我穿什麼或者剪什麼髮型，都是由媽媽決定，從來沒有讓我自己做主。

趙中華：妳認為媽媽控制欲強，同時還冷漠？

案主：我很期待媽媽給我笑容或者擁抱，但她從來不會這樣。

趙中華：妳父母的關係怎麼樣？

案主：在我 4 歲之前，他們的關係是非常好的。我 4 歲時，爸爸得病了，不太記得是什麼病，父母開始爭吵，包括爺爺奶奶和我媽媽也有爭吵，從那以後感覺很不好了。

趙中華：不好在哪裡呢？

案主：媽媽很少答理我，對我的關心少了，弟弟出生

後，她更關心弟弟，爸爸對我也很凶，經常打罵或者指責。

趙中華：弟弟在妳幾歲的時候出生的？

案主：我 4 到 5 歲吧。

趙中華：妳的親子關係中斷過嗎？

案主：在 12 歲之前大概有一個學期的時間離開了父母。

趙中華：妳父親在你 9 歲時過世了，聊聊妳父親吧。

案主：在我 4 歲之前，我父親視我為掌上明珠，當時村裡其他人都沒有人買水果吃，但我爸爸經常帶我去吃，對我非常好。4 歲以後，突然感覺沒有人關心我了，爸爸對我很凶，對我打、踢、掐，一直到他過世之前，我都很怕他。

趙中華：爸爸一般因為什麼打妳？

案主：比如說弟弟哭鬧的時候，或者我課業中有不懂的問題時，他就會凶我，甚至有時莫名其妙就打罵我，我一般不敢看他，他去世時，我一滴眼淚都沒有。

趙中華：妳 7 歲時發生了什麼讓妳恐懼的事？

案主：我讀一年級時，我一個人上學、放學，回到家爸爸也會對我發脾氣，我心裡感覺很害怕。

趙中華：這種恐懼現在還有嗎？

案主：我感覺應該是沒有了。

趙中華：妳爺爺奶奶是什麼時候去世的？

案主：爺爺奶奶去世比我爸爸晚，80 多歲去世的，爺爺

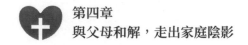

第四章
與父母和解，走出家庭陰影

奶奶關係也不是很好，奶奶也會指責我的爸爸，爺爺對我爸還好一點。我爸爸也不喜歡奶奶，動手打過奶奶，聽我媽媽說，那時候我爸爸就開始生病了。

趙中華：妳外公外婆呢？他們是做什麼的？

案主：我外公最開始當過兵，經常跟我們講當兵的故事。外婆就是農民，他們兩個人一直很恩愛，一直到老，我外公幾次病危都沒有過世，因為放不下我外婆，我外婆過世以後，他大概又活了 40 天左右就過世了。

趙中華：妳認為妳爸爸善良，善良表現在哪？

案主：他的善良表現在小時候對我的關心，還有對我媽媽的關心。現在我明白我父親是因為生病才對我脾氣暴躁，但對我來說，傷害很大。

趙中華：妳個人覺得具體什麼事傷害最大？

案主：爸爸對我打罵，我恨他，4 歲以後我一直不敢叫爸爸，也怕見到他，經常躲著他。

趙中華：妳 31 歲離婚了，與妳和父親關係不好有一定連繫，一個人如果和父親關係不好，那麼未來和伴侶的關係肯定也會出現問題，妳對爸爸的恨還滿大的。

案主：最開始是恐懼，怕他打我。

趙中華：妳老公打過妳嗎？

案主：沒有，但是他是冷暴力，我也受不了。

趙中華：媽媽對妳的控制，爸爸對妳的暴力，都需要處理一下。我們請一下代表。

● 排列呈現

（引入爸爸代表、媽媽代表、案主代表）

趙中華：臺上人跟著感覺移動。各位代表有什麼感覺？

爸爸代表：她（案主代表）一靠近，我就想退。

媽媽代表：我感覺我在這就很安全。

案主代表：我想靠近爸爸。

趙中華：很明顯，其實妳心裡還是很想靠近父親。你們三個人，爸爸媽媽的代表全部都是看向我這邊，孩子看那邊，所以三個人三個方向，也沒有人多交集，關係也不是特別的親密，距離有點遠，妳還是很想接近妳的父親，父親有點想逃離的感覺。選一下爺爺和奶奶的代表。

（引入爺爺代表、奶奶代表）

趙中華：跟著感覺移動一下，相互眼神交流。現在各位代表什麼感覺？

爸爸代表：好像舒服一點。

媽媽代表：我感覺我站在旁邊，我會安全一點。

案主代表：我覺得很傷心，我想靠近父親，我想靠近所有人，但是我都沒有辦法靠近他們，我就很傷心。

爺爺代表：我一上來就很心慌，不知道到哪裡去。

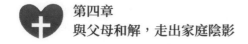

趙中華：妳個人感覺爺爺奶奶對兒媳滿意嗎？

案主：不滿意。

趙中華：可以看得出來，他們兩個一上來，就看著兒媳。

案主：我爸爸還是想保護我媽媽的。

趙中華：爺爺奶奶好像對這個兒媳蠻有意見的。

案主：就是嫌棄。

趙中華：妳什麼感覺？

案主代表：感覺一直在抖，很害怕。

案主：爺爺奶奶也是非常重男輕女。

趙中華：（面對奶奶代表）妳有什麼話想對兒媳說嗎？

奶奶代表：我沒有太多的感覺。

趙中華：（面對爸爸代表）你有什麼話想對你妻子說嗎？

爸爸代表：感覺不在這個系統裡面。

趙中華：把外公、外婆的代表也請上來，看一下你們整個家族。

（引入外公代表、外婆代表）

趙中華：隨著感覺移動。妳跟外公之間怎麼樣？

案主：我外公對我一般，沒有感覺對我比對別人更好（見圖 4-1）。

趙中華：你什麼感覺？外公。

外公代表：想靠近她（外婆），這樣舒服一些。

趙中華：外婆，妳什麼感覺？

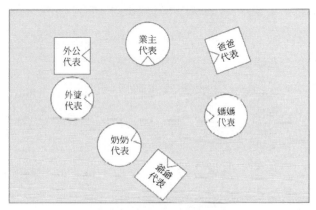

圖 4-1 各位代表排列呈現

外婆代表：我就想靠著他（外公），感覺舒服一點。

趙中華：妳看到了嗎？妳爸爸身邊沒人，只有他一個人站在那裡。所以妳爸爸為什麼會這麼凶？為什麼這麼嚴肅？他整個成長過程中，沒有人關心他、愛他，一個人自己都沒有的東西，永遠給不了別人，他自己沒有得到愛，怎麼給別人？你（爸爸）站那裡什麼感覺？

爸爸代表：感覺不想靠近任何人，就這樣就可以。

趙中華：妳（案主代表）現在什麼感覺？

案主代表：外公代表一走過來，我就想靠近外公。感覺

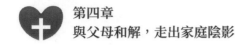
突然踏實了，不恐懼了。

趙中華：妳父親去世時多大歲數？

案主：31 歲。

趙中華：首先我能明顯感覺到，妳父親是一個孤獨的人，他很需要大家的愛，妳外公和外婆的關係怎麼樣？

案主：我媽媽說外公和外婆是天生一對。

趙中華：很恩愛。妳羨慕他們嗎？

案主：有點。

趙中華：從小去外婆家多嗎？

案主：不多。每年寒暑假時會去。我外婆和我媽親近一些，我媽很聽我外婆的，很孝順。

趙中華：難怪她們兩個站一起了。跟著我一起說幾句話。

老師帶著案主一起說

外公，我很羨慕你們，你們是天生一對，我只能做我自己，我想回到我自己的系統，謝謝你們！外婆才屬於你，你們才是天生一對，謝謝！

趙中華：跟外公外婆鞠躬，放鬆，不能糾纏在愛裡面而不退位。聽完孫女說這些話，什麼感覺？

外公代表：剛才她過來的時候，我感覺溫暖了一下，說這句話的時候，關係近了一點，就這個感覺。

趙中華：妳還要處理跟妳父親的關係，妳小時候對他的仇恨是需要處理的。妳（案主）現在來到父親面前，請妳回憶一下，妳小時候跟妳父親在一起發生了什麼？比如他打罵妳，在什麼時間，什麼地點，如何讓妳特別難受。

如果找到感覺就睜開眼睛。我相信妳有些話想和父親說的，今天給妳個機會，表達一下。

案主：你為什麼總打我？我也是你的女兒，你為什麼生了弟弟之後就不要我了？你為什麼不理我？為什麼不看我？為什麼動不動就打我？你為什麼那麼凶呢？

趙中華：繼續表達。

案主：我恨你，我恨死你了！你打我，你就不痛嗎？你打我，你就開心了嗎？你有病痛，你怪我嗎？又不是我造成的，你不知道我是一個孩子嗎？我恨死你了，我沒有辦法原諒你，我原諒不了你。

趙中華：現在問題出現了，妳的問題在哪裡？妳不想原諒，問題在這裡。來，繼續表達。

案主：你打了我這麼多年，你從來沒有愛過我，從來沒有關心過我，我都不知道我自己是怎麼長大的，在別人童年裡很驕傲有爸爸，我從來都不敢說「爸爸」兩個字，我看到你就躲得遠遠的，我生怕你打我，生怕你罵我，生怕你凶我，我生怕別人說這個人是你爸爸，別人告訴我你爸爸來

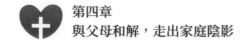

了，我都不敢見你，我都逃走、避開，我繞道而行，我恨死你了。從小我就不敢面對，別人說我爸爸，我就躲開，我從來不敢聽到這兩個字，這麼多年，我從來都不知道爸爸的愛是什麼，我從來不想要。你為什麼要生我？要這樣折磨我？

趙中華：還有想說的嗎？

案主：我沒有什麼想說的，反正我就是恨他。

趙中華：那就說我恨你，說吧。

案主：我恨你！我恨你！我恨你！我恨死你了！你有本事不要當爸爸，不要這樣子，我恨死你了，你沒有資格。你有本事以前不要對我好，我恨死你了，你那麼可恨！我非常非常恨你。

趙中華：好，你聽完女兒這麼講，什麼感覺？有什麼話想對她說嗎？

爸爸代表：女兒，對不起，以前是我錯了，因為我也不知道怎麼對妳。

趙中華：在生命層面，妳的生命來自他，在生活層面，他可能對妳造成了很多傷害，同時，剛才這個排列已經看得很清楚，妳爸爸一個人站在那裡，沒有愛人，沒有父母，妳的爸爸三十多歲就失去了生命。如果我們的孩子恨父母，如果不把這個東西放下，妳自己的婚姻是有很大問題的，妳會把恨投射到老公身上，聽清楚了嗎？這裡的問題沒有解決，

沒事就吵老公、罵老公、說老公，把這種恨無形中轉移過去。恨的背後是什麼？是渴望，是需求，妳說別的孩子都有童年，而妳沒有，相當於妳的童年是缺失的，這是最大的關鍵。來，跟我說。

老師帶著案主一起說

爸爸，我希望你能看看我，我希望你愛我，我希望你能關心我，我特別渴望你的關心，特別渴望你的愛。

妳爸爸 30 多歲就失去生命了，很多人三十歲都還沒開始，他都已經走了。妳現在還有什麼話想對爸爸說？

案主：爸爸，謝謝你給我的生命，爸爸我知道你一直支持我，謝謝你。

趙中華：現在願意接受爸爸嗎？還不願意，是吧？你希望爸爸做什麼，或者說什麼話？你最希望爸爸說一句什麼話？

案主：對不起，我傷害了你。

爸爸代表：女兒，對不起，我傷害了妳。女兒，對不起，我傷害了妳。

趙中華：再大聲一點。

爸爸代表：女兒，對不起，我傷害了妳。

案主：現在好很多，我感覺到他在我 4 歲的時候，對我的那份關心了。

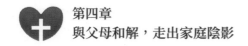
趙中華：那是不是在生命層面要感謝他？

案主：爸爸，謝謝你給我生命。

趙中華：向他鞠躬。來，和爸爸擁抱一下。現在妳回憶一下你小時候，最渴望父親擁抱的時候，妳是一個不容易的孩子。9歲就沒有了父親，然後經歷了這麼多波折，經歷了這麼多難過走到今天，妳很善良，妳今天選擇了放下，想要放下這份仇恨是不容易的，是需要力量的，有的人一輩子都不願意放下，但妳今天願意放下，願意重新接納，願意讓自己的心扉打開，妳能堅強地活到今天，妳是多麼有力量。

同時，妳爸爸也是不容易，妳媽媽也為了這個家付出了很多，去感受一下，把妳這顆冰冷的心重新融化。這個親子中斷還有恐懼在裡面，妳需要愛。

案主：謝謝你，爸爸，我愛你。

趙中華：祝福妳越來越好。

案主：可能就是想要一種態度，一直找不到這種態度，也找不到這種寄託，內心還是愛父親的，但是深處的恨還是沒有剝離掉，今天感覺爸爸是很不容易，我不應該恨。

趙中華：已經放下了吧？

案主：放下了。

趙中華：安排一個作業給妳，去祭奠一下妳父親。

案主：好。謝謝老師！

趙中華點評

　　對父母的仇恨，有時就是渴望幾句話，引導他說出來就好了。她心裡一直渴望這個東西，如果不願意往前走，就看不見未來，一定要在心裡放下仇恨，才能開始幸福的生活。

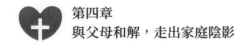
從親情的糾結中退出，尋找個人幸福

案主：女士，35 歲，希望獲得幸福。

趙中華：妳今天想問什麼問題？

案主：我想自己走出原生家庭帶給我的影響，獲得讓自己幸福的能力。

趙中華：妳是指什麼樣的影響？

案主：我覺得父母不好，我幸福不了，因為他們一直爭吵，很影響我。

趙中華：對妳的影響是指什麼呢？可以說具體一點嗎？比如說影響妳和老公的關係。

案主：我離婚了。

趙中華：妳現在有再婚嗎？

案主：沒有。

趙中華：離婚多久了？

案主：2021 年。

趙中華：結婚多長時間？

案主：7 年。

趙中華：這感情時間也不短了，7 年婚姻，在一起相處

了 7 年。妳說妳的原生家庭對妳有一些影響，包括妳對妳的前夫也有影響，妳想從這種原生家庭走出來，妳的目標到底是什麼呢？

案主：因為父母 2020 年離婚了，但還在一起住，相處很痛苦。看到父母這樣子，我覺得蠻受影響的。

趙中華：影響是指什麼？

案主：比如我媽經常打電話給我，想讓我爸爸出去住，但是她自己也不知道怎麼做。

趙中華：聊聊妳的爸爸，在妳印象中，妳爸爸是一個什麼樣的人？

案主：不負責任，出軌，自私。

趙中華：妳為什麼覺得他自私？

案主：他為了自己拋下妻子。

趙中華：妳媽媽是什麼樣的人？

案主：媽媽是善良、強勢、勤奮又好強。

趙中華：他們兩個吵架的時候，妳一般幫誰多一點？

案主：我一般不講什麼，但私底下肯定幫我媽多一點。

趙中華：妳從小都是跟父母一起長大嗎？

案主：嗯。

趙中華：你們家就妳一個嗎？

案主：還有一個哥哥。

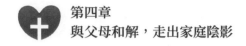
趙中華：妳的目標是想從原生家庭走出來，不在他們這裡面糾纏對嗎？

案主：嗯。希望大家都過得很好，我媽媽現在就挺憂鬱的，如果我們都不幫她處理她和我爸爸的事，她就活不久。

趙中華：她要誰去處理？

案主：我和我哥哥。

趙中華：妳爸爸現在住在家裡面，又不出去，他是什麼意思呢？

案主：可能他自己知道老了還是要靠我們的，如果他生病，他只會找我。

趙中華：他現在還跟他其他女人在一起嗎？

案主：和其他女人在外面租了房子，但也經常回我媽這裡住，我媽拿他沒辦法，我媽就希望我和我哥把他趕走。

趙中華：所以這個事對妳影響很大，是吧？方便說一下妳跟妳老公是怎麼離婚的嗎？

案主：主要是因為我父母這個事引起的。

趙中華：妳覺得妳的童年快樂嗎？

案主：不快樂。我很小就受父母影響，他們一直爭吵，我很羨慕那些父母感情很好的家庭。

趙中華：爸爸媽媽經常表揚妳嗎？

案主：沒有。

趙中華：妳更渴望得到爸爸的鼓勵，還是媽媽的鼓勵？

案主：媽媽。

趙中華：我們來排列一下，請一下代表。

● 排列呈現

（引入爸爸代表、媽媽代表、老公代表）

趙中華：憑著感覺移動。大家什麼感覺？

爸爸代表：很陌生。

案主：感覺爸爸有點不喜歡我。

爸爸代表：我也不喜歡。

趙中華：妳的爸爸和媽媽站的距離很遠，也證實了妳講的話，他們兩個的關係確實有點疏遠，但我留意到妳的爸爸一上來就盯著妳的媽媽，能看出妳的爸爸對媽媽還是有愛的。現在選一個妳的代表和妳哥哥的代表。

（引入案主代表、哥哥代表）

趙中華：現在跟著感覺移動。大家現在什麼感覺？

媽媽代表：想得到呵護（見圖 4-2）。

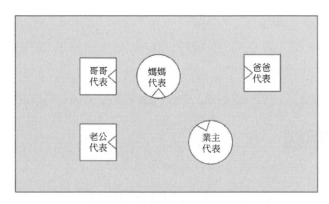

圖 4-2 各位代表排列呈現

趙中華：媽媽一直渴望想得到爸爸的呵護。

爸爸代表：挺融洽的。

案主代表：其實很想跟爸爸靠近，站在他旁邊。

哥哥代表：有點距離感。

趙中華：妳感覺在這個家他們三個站在一起是什麼感覺？

爸爸代表：格格不入。我覺得我心有餘而力不足。

媽媽代表：我想靠在兒子身邊。

哥哥代表：兩個人找過來的時候，感覺這個家又開始復原了。

案主：為什麼把關係處理成這個樣子，讓我覺得很為難，我靠哪邊都不行，我找不到在這個家裡我的位置應該在哪裡，我只敢站中間。

趙中華：爸爸有什麼話想對女兒說嗎？

爸爸代表：想說的太多，不知道怎麼說。

趙中華：跟著感覺來，你想說什麼都行。

爸爸代表：其實我也想努力讓這個家庭完整，但有一種力不從心的感覺。

趙中華：妳有什麼話想對爸爸說嗎？

案主：我自己過得很痛苦，沒精力去感受你們的感受。

趙中華：他們現在站的位置剛好是一個三角形，三個人在爭位置。但現在我還不能斷定誰在爭誰的位置。

我們來說兩句話，感受一下。

看著媽媽說，媽媽，我想做妳的愛人。

再看著爸爸說，爸爸，我想做你的愛人。

妳個人覺得哪個偏多一點？

案主：媽媽偏多一點。

趙中華：妳想做媽媽的愛人。看著媽媽的眼睛跟我一起說：媽媽，我覺得爸爸做得不合格。我來做吧。

媽媽代表：我也能接受。因為妳爸爸已經背叛了我，所以我心裡只有女兒和兒子。

趙中華：爸爸看著女兒的眼睛，感受一下，跟我說。

老師帶著爸爸代表一起說

媽媽是我的，妳沒有資格，也沒有權利站在我這個位置，妳做不到，妳只能做回你自己，妳沒辦法做我。

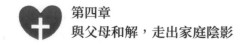
趙中華：聽完這些，妳現在的感覺怎麼樣？

案主：我在想，為什麼會是這樣。

趙中華：像這種關係，妳說妳想做媽媽的愛人，等於妳想做爸爸，你只有從爸爸這個身分抽離出來，才能找到自己的幸福，這個在系統排列中叫身分錯位。

再來一遍，請跟著我說。

老師帶著爸爸代表一起說

妳沒資格，妳也做不到。妳只能做女兒，女兒沒辦法站我這個位置，媽媽是我的。

趙中華：所以妳的婚姻為什麼會出現問題，和這個有一定的關係。妳其實一直很愛媽媽，特別渴望媽媽的愛，看到媽媽不容易，妳就要去拯救媽媽。現在妳要從爸爸的位置退出來，看著媽媽，跟著我說。

老師帶著案主一起說

媽媽，我知道妳不容易，我也想救妳，甚至用我不幸福的婚姻來救妳。但是我發現，我真的做不到，我好累。媽媽，我只能做女兒，我只能以一個女兒的身分來愛妳。我對妳的愛，從來沒有變過，同時我只能以女兒的身分來愛妳。

趙中華：媽媽看著女兒的眼睛對她說。

老師帶著媽媽代表一起說

女兒，妳做回妳自己吧，媽媽過得很累，那也是媽媽的命。妳救不了我，那是我的人生，爸爸是我心甘情願選的。女兒，謝謝妳！妳的幸福才是我最希望看到的。妳對我的愛，我已經感受到了，沒必要用那個隱藏的忠誠來證明妳的愛。女兒，妳做回妳自己吧，媽媽愛妳！

老師帶著案主一起說

媽媽，從今天開始，我決定退出來，我要做我自己，我有資格幸福，我有能力幸福。媽媽，我可以幸福嗎？我有資格快樂嗎？謝謝妳，媽媽。

媽媽代表：妳一定曾幸福的。妳有資格。

趙中華：給媽媽一個擁抱，閉上眼睛去感受一下媽媽的愛。這個女兒真的很愛媽媽，用老公的背叛，來表達對父母的忠誠，這是隱藏的忠誠。今天我要告訴妳，要換另外的方式來愛父母，其實妳對父母最大的愛就是讓自己活得幸福，讓妳的家族開始幸福的傳承，這樣的愛才是真正的愛。媽媽，請跟著我說。

老師帶著媽媽代表一起說

女兒，妳做自己吧，我不需要妳來救了，我的人生我做主，我的人生我選擇。謝謝妳讓我當了媽媽。

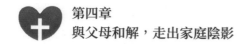
趙中華：看著爸爸，有什麼話想對爸爸說嗎？

案主：其實我覺得你也不容易，但是為什麼要這樣子？

趙中華：來，跟我說，

老師帶著案主一起說

爸爸，你為什麼找小三，為什麼這麼自私？為什麼不顧我們這個家？你知道嗎？在有些事上，我是恨你的，你背叛了媽媽，背叛了這個家。

趙中華：你聽到女兒這麼說，你有什麼感覺？

爸爸代表：心裡很內疚。

趙中華：跟我一起說。

老師帶著爸爸代表一起說

我很內疚，女兒，我對不起妳，我也對不起這個家，但我也需要愛。爸爸從小缺乏母愛，爸爸需要有人愛我，但我沒有得到愛。所以，女兒，對不起，在有些事上，我不是個稱職的父親，甚至傷害了妳，現在我想跟妳說一句對不起，請妳原諒。無論怎樣，爸爸愛妳的心沒有變，妳永遠是我的女兒；無論發生什麼，爸爸永遠愛妳，謝謝妳！

趙中華：聽完這些，你有什麼想對爸爸說的？

案主：很假。我覺得你很虛偽。你是這麼說的，但你不是這麼做的。希望你對媽媽好一點。

老師帶著爸爸代表一起說

我和媽媽的關係，是我和媽媽的事。女兒，這個事妳真的沒資格管。謝謝妳！我和妳媽媽的相處，妳知道我這麼多年是怎麼過來的嗎？我有多麼缺愛，妳是不知道的。有些事沒讓妳看到，不代表不存在，我有我的難處，我有我的人生，妳想代替我的位置，妳做不到，妳沒資格。

趙中華：你看一個女兒有多愛父母，她總想把他們拉攏，如果妳不從這種三角關係裡掙脫出來，妳是很難開始妳後面的婚姻生活。知道嗎？妳爸爸找小三，這個行為是不對的，那是他的人生，妳是女兒，對這個行為不認同，但要接受他這個生命。如果妳不接受他這個生命，有些東西就化解不了。

我希望妳能看到，如果愛是一種操控的話，是很痛苦的，妳還有什麼話想說？

案主：那你們倒是過好啊。

爸爸代表：過不好，跟妳媽媽的感情合不來，妳媽媽太過強勢了，我們兩個格格不入。

案主：那就好好分開啊。

趙中華：你為什麼不分，你說一下。

爸爸代表：但是我捨不得你們。

案主：沒看出來，你就是為了你自己。

趙中華：這就是典型的不願意退出。我們做排列只能把真相擺給她看，沒辦法去操控，至於妳怎麼選擇，是妳的事，我沒有辦法幫妳做選擇。還有什麼話想說？

爸爸代表：其實我們之間的事真的不要妳管，管好妳自己就可以了，我覺得我這樣也滿好的。

案主：你是滿好的，但是我媽媽很痛苦啊。

趙中華：看著女兒說。

老師帶著媽媽代表一起說

我的痛苦和妳無關，那是我的痛苦，妳想當我嗎？那是我的痛苦，同時那也是我的人生。

趙中華：你不是問老師如何從糾結中出來嗎？現在就看你自己什麼時候願意退出來。父母的人生是他們兩個自己選擇的。最後做個調整，跟著我說。

老師帶著案主一起說

爸爸媽媽，我長大了，我要走了，我要去開始我的家庭了，開始我的人生了。謝謝你們，你們的人生，你們的婚姻，我救不了，我也沒那個資格救，對不起，我做不到。

趙中華：來向他們鞠個躬，放鬆，妳很善良，為了父母犧牲了自己。別想當爸爸了，這個做不到。妳要從他們的關係裡出來，妳的未來才能幸福，妳真的拯救不了父母的幸

福，那是他們的人生。妳走出來之後，未來的幸福、快樂、成功都會屬於妳。老師祝福妳，一定會好起來的。

趙中華點評

拯救者不可能成功！身為孩子操控不了父母的婚姻，那是父母的人生；身為孩子對父母最好的回報就是讓自己幸福，而不是拯救父母的婚姻。

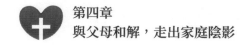
消除與父母的隔閡

案主：女士，30多歲，希望改善和父母的關係。

趙中華：妳今天想問什麼問題？

案主：和父母的關係。

趙中華：那妳希望跟父母的關係達到一個什麼樣的程度？

案主：我覺得我現在和他們是有隔閡的。雖然他們有什麼事情我會很緊張，也很愛他們。但是如果近距離接觸，我就會有壓力，我就想逃避，不想和他們在一起，特別是我媽媽。

趙中華：是什麼感覺？

案主：有點抗拒她，不太親，甚至不太願意接近她，不願意擁抱她。

趙中華：妳理想中的狀態是什麼樣子？

案主：我理想中的狀態是我有什麼心事願意和媽媽說，有高興的事第一時間和媽媽分享，但是我不論是高興的事還是難過的事我都不願意和她說。

趙中華：聊聊爸爸。

案主：從小他就不重視我，他不喜歡我，他把所有的愛都給了我弟弟。我剛出生沒多久，我晚上哭，他就很煩，所

以我媽晚上會抱著我睡，因為我爸經常踢我，感覺要把恨全部發洩在我身上。

趙中華：妳為什麼覺得妳爸爸有恨？

案主：他不喜歡女孩。我弟弟出生之後，他很喜歡我弟弟，所有好的東西都留給他。每次只要我弟弟一哭，他就覺得是我的錯。所以那時候我很恨他。我小時候，我媽和我爸吵完架，就會把怨氣撒到我身上，我媽覺得因為我才導致他們兩個人吵架，他們兩個吵架把家裡能砸的都砸了，場面很恐怖，現在想起來我都覺得很害怕。

趙中華：現在妳跟妳老公關係也很惡劣？

案主：原先很惡劣，現在好一點了。

趙中華：還有什麼事對你影響很嚴重？

案主：我上國小時，要帶炭火去學校取暖，我弟弟拿漂亮的紅色炭火爐，而我卻拿一個被老鼠啃爛的炭火爐。

我就想要那一個紅色的，我爸爸就不肯，我把那火爐往田裡面一扔，他就跑過來打了我一個耳光。我當時就在想，既然你們那麼喜歡弟弟，當初為什麼要生我呢？我就很恨他。

趙中華：還有什麼事嗎？

案主：我上國三時，爸爸說妳不要上學了，女孩子讀那麼多書也沒用，家裡本身條件不好，妳弟弟也要讀書。

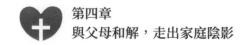
當時我考上幼師，我爸爸說學出來也是去幼稚園當老師，沒必要去學了。當時我很生氣。

趙中華：我們來排列一下，請一下代表。

● 排列呈現

（引入爸爸代表、媽媽代表、案主代表、弟弟代表）

趙中華：跟著感覺移動。看得出妳很渴望媽媽，媽媽關心弟弟，爸爸好像事不關己的樣子。

案主代表：我很害怕，也想找媽媽，但是媽媽走到弟弟那邊了。

爸爸代表：我還是想跟女兒在一起。

媽媽代表：我就是想靠近兒子，只要女兒出現在我旁邊，我就很不舒服，我恨不得要去打她。

弟弟代表：沒感覺。

趙中華：小時候妳和媽媽之間發生什麼事？

案主：小時候媽媽對我還好，沒什麼感覺。

趙中華：那我引導妳說幾句話。

老師帶著案主一起說

媽媽，我有資格來到這個世界嗎？那妳為什麼這麼討厭我？那難道我不是妳的孩子嗎？

媽媽代表：我之前喜歡妳，有了弟弟之後，我沒有這麼

多精力照顧妳，我只能把愛送給弟弟。請妳遠離我，請妳不要出現在我面前。不要煩我了。

趙中華：我們看看妳媽媽的原生家庭。

（引入外公代表、外婆代表）

趙中華：跟著感覺移動。

外公代表：我覺得和老婆的距離好遠（見圖 4-3）。

外婆代表：我現在沒有考慮老公的感受，只想看著女兒。

母親代表：我要靠近媽媽，同時我還要看著對面的兒子，我兩邊都牽掛。

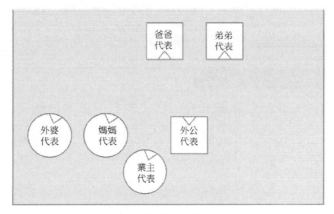

圖 4-3 各位代表排列呈現

父親代表：當外公外婆一上來的時候，我心裡有點發慌，女兒和老婆全部跑那邊去了，其實我好希望女兒能夠跟

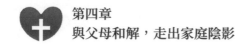
我近一點，但是她始終站在我看不到的地方。

母親代表：外公外婆一上來的時候，我就全身感覺很冷，看到了兒子會有安全感，但是我的手這邊全部都是麻的。

趙中華：妳外公外婆對妳媽媽怎麼樣？

案主：我聽媽媽說，她小時候我外公打她特別多，對她很凶。因為我媽是大女兒，所以我外婆讓她做所有的家事。

外婆代表：我一上來我心裡就覺得我女兒好可憐，我想保護她。

媽媽代表：我感覺我好像沒有媽媽。

趙中華：妳媽媽從小被妳外公打，所以她心中有情緒，然後她把這個情緒給了妳。媽媽代表請跟著老師說。

老師帶著媽媽代表一起說

爸爸，你對我動手，我恨你。我有很大的情緒，沒有發洩出來，現在我把這份情緒給了我的女兒，她是無辜的，對不起！女兒，我也不懂得怎麼愛你。

趙中華：妳聽媽媽說這些話什麼感覺？妳跟著老師說。

老師帶著案主一起說

媽媽，妳給我生命，我很謝謝妳，現在我也是媽媽，我都不知道如何愛我的女兒。

趙中華：家族的問題沒有解決，就會一代一代傳下來。妳媽媽肯定比你受更多的委屈。

媽媽代表：其實媽媽很愛妳，對不起。

爸爸代表：爸爸也是很愛妳的。對不起，女兒。

趙中華：妳現在什麼感覺？

案主：其實我已經原諒她了，我知道她小時候受過很多苦。有時我想擁抱她，但她每次都用語言傷害我。

趙中華：妳希望妳媽媽怎樣肯定你？

案主：我希望她說，女兒，妳是最棒的，妳是最好的，妳在我心目中和弟弟同樣重要。

媽媽代表：女兒，妳是最棒的，妳是最好的，妳在我心目中和弟弟同樣重要。

趙中華：和媽媽擁抱一下，感受一下媽媽的愛。

案主：我很愛妳（大哭）。

趙中華：如果妳不接受妳媽媽的愛，妳將永遠無法獲得她的愛。不要去想對錯，她有資格去愛弟弟，妳沒辦法去管。人最大的痛苦就是有比皆苦，妳總是拿妳跟妳弟弟比，妳永遠都會痛苦，所以妳媽媽選擇愛弟弟，那是她的事，妳做女兒的無權去干涉，父母如何愛妳的兄弟姐妹，妳是沒辦法去管的。妳只要去看見妳的媽媽曾經對妳的好。爸爸媽媽是長輩，我沒資格去評判。如果這個點妳不打通，妳再和自

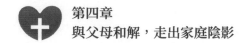

己較真，那就等於自己畫圈給自己，把自己關在裡面去。妳要看到妳得到的，如果看不到自己得到的，而總是注意自己失去的，這個就痛苦了，所以痛苦來自妳自己。既然她不鼓勵妳，妳就去鼓勵她，妳只有餵飽對方，對方才會餵飽妳。安排個作業給妳。每天鼓勵自己十遍，每天也鼓勵一下父母：媽媽妳今天辛苦了，媽媽妳今天累了！從妳這裡開始改變，連續 21 天。妳要看到過去妳所有的痛苦來自妳的這個問題。

案主：謝謝！

趙中華點評

和媽媽的關係決定愛與被愛，當一個人不能愛自己時，也不可能去愛別人，和媽媽有很大關係。什麼是成長？成長就是改變自己，拿自己開刀就是有力量，任何改變都是從改變自己開始，改變自己很不舒服，讓自己先給父母愛，一定會改變和父母的關係，做不願意做的事叫改變，做沒做過的事情叫突破。

改善與父親的關係

案主：女士，40 多歲，希望改善和父親的關係。

趙中華：妳今天的問題是什麼？

案主：改善和父親的關係。

趙中華：跟父親的關係怎麼了？

案主：我爸爸經常發脾氣，他和我弟弟經常鬧矛盾，我弟弟找我，讓我處理這事。我很不想處理這個事情，壓力很大，而且特別反感，煩我弟弟，我弟弟動不動就是要死要活的。

趙中華：就是說妳弟弟、妳爸爸和妳之間，這種三角形關係挺糾纏的，妳想解脫出來。

案主：是的。

趙中華：聊聊妳的爸爸。

案主：我爸爸今年 68 歲，媽媽 59 歲就走了。爸爸非常善良、勤勞、能吃苦，非常上進，只是沒有主見，膽子很小，以前殺魚都不敢殺，都是我媽媽做殺生的事情。

趙中華：我聽妳這麼一講，妳爸爸好像還挺不錯的，勤勞、上進、善良、熱情，還仁愛。

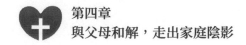
案主：我感覺爸爸還不錯，就是覺得現在很嘮叨，抱怨多，可能受外面的影響，有點負面的情緒，反正你跟他說不上話。

趙中華：妳小時候和爸爸的關係怎麼樣？

案主：我爸爸從小到大沒有買衣服給我過，我很渴望爸爸的愛，渴望爸爸的擁抱，那時候幾乎沒有。

趙中華：妳覺得他把擁抱和愛給了誰呢？

案主：他沒有，他不會給我們。

趙中華：弟弟呢？

案主：也不會給。

趙中華：有點冷漠嗎？

案主：可以這麼講。

趙中華：爺爺奶奶呢？

案主：爺爺奶奶很凶。因為在我四五歲的時候，我奶奶拿鋤頭要把我媽媽打死，我爺爺拿那個竹竿戳我們家的瓦片，現在他們都去世了。

趙中華：他們是做什麼的？

案主：農民。

趙中華：你爸爸是建築工人，對嗎？

案主：對，泥水匠。

趙中華：妳覺得跟父親關係不好的原因是什麼？

案主：我十幾歲的時候遇到一件不太好的事情，被人侵犯，導致自己不願意跟男生說話，包括看我爸爸不順眼，看到他就恨死他，恨不得殺了他的感覺。

趙中華：妳覺這種想殺人的想法有多久？

案主：有四五年了。

案主：我恨父母沒有保護我，我感受不到家庭的溫暖。

趙中華：妳媽媽呢？簡單聊一下。

案主：我媽脾氣暴躁，人是善良上進的，能吃苦，抽菸，喜歡幫助別人。我弟弟經常被我爸媽說，說我弟弟是個沒用的東西，不爭氣，說我弟弟護著我。

趙中華：在父母裡面，妳最渴望接受父親還是最希望接受母親？

案主：父親。

趙中華：妳覺得為什麼不能接受他呢？原因在哪裡？有恨嗎？

案主：對。

趙中華：妳要把對妳爸爸的恨宣洩出來。我們來排列一下，請一下代表。

● 排列呈現

（引入案主代表、爸爸代表、媽媽代表）

趙中華：隨著感覺移動，妳跟妳媽關係怎麼樣？

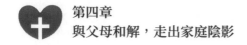

案主：我總是跟著我媽媽。

趙中華：妳爸好像有點木訥。

案主：我爸就是這樣的，連話都不說，有時候我恨的不行。

趙中華：爸爸什麼感覺？

父親代表：我感覺我不喜歡當她爸爸。

母親代表：只要女兒不跟著我就行了。

案主代表：我想靠近爸爸，但是他躲我，我心裡很著急。

案主：生活當中就這樣，我 15 歲了，我媽媽都不放心。我 30 歲去外面打工，我媽媽不放心，怕我遇到直銷的人，總是打電話給我。

趙中華：看了一下你們的家庭關係圖，也是一個小三角，相對疏遠，妳跟父母的關係不是那麼親密。妳說妳恨妳父親，最恨的是 13 歲那件事嗎？

案主：不是，最恨的是我在前夫家裡，我前夫的爸爸當著我爸的面說要打我，我爸爸一句話都沒說，我真的好恨他，我心裡想妳還是不是我爸？為什麼不幫我說話？我已經在那裡委屈那麼多年了。

趙中華：妳對妳前夫的爸爸有恨嗎？

案主：有，但是我全部釋懷了。去年他臨終前我去看了他，他沒想到我會去看他。然後我摸著他的手說，爸爸，雖

然已經離婚了，但如果妳需要我，我一定會幫助妳的。他走的時候還是蠻安詳的，我對他沒有恨了。

趙中華：這個是關鍵人物，把前夫的爸爸請出來。

（引入前夫爸爸代表）

趙中華：隨著感覺移動一下（見圖4-4）。

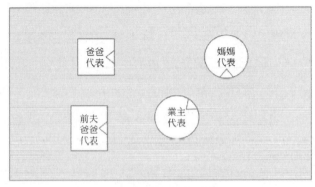

圖 4-4 各位代表排列呈現

前夫爸爸代表：如果今天妳爸沒在這裡的話，我真的想打妳一頓。

趙中華：妳現在什麼感受？

案主：很憤怒。

趙中華：他現在已經不在這個世界上了，可是這個事還留在妳的心中。如果妳要表達妳的憤怒，妳想用哪些話？比如說我恨你，我討厭你。想用哪句話？

案主：我討厭你，我很恨你，我結婚當天你在家裡鬧

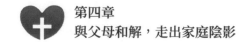

事，家裡所有事情都是我在做。

趙中華：妳用手把這個人推出妳的世界，一邊推一邊說剛才這句話，妳要把這個人從妳的心裡移除。

案主：（一邊推一邊說）我在你們家那麼多年，你們說我是一隻不會下蛋的雞，家裡所有的事情都是我在做，我沒日沒夜地做，你們問過我的感受嗎？我恨死你了，你以為你是個公務員了不起啊，兒子這個樣子，你老婆也死了，憑什麼。

趙中華：他已經離開這個世界了，現在他從妳的世界裡徹底走出去了，妳再也看不到他了。

案主：謝謝你來過我的世界，讓我有成長，我會感恩地走下去。

趙中華：現在來到妳爸爸這裡，那個已經消失了，這就是真正的結束。有些事妳不結束它，它就會永遠留在妳的心裡，永遠在那裡打結，反覆糾纏。

現在對於這個事，妳有什麼話想對爸爸說？

案主：爸爸，你怎麼一句話也不說，你女兒也是人，這麼多年你說一句話啊，我就那麼不值錢嗎？我做牛做馬，我也希望你們過好一點，你怎麼一句話不說，你說句話啊，為什麼每次都不說一句話。我恨你，我真的恨你。

你要是說句話，我心裡會舒服些，我恨死你了，我真的恨死你了，你說句話啊！

父親代表：女兒，我對不起妳，沒有幫妳出頭，沒有幫妳承擔這個事情。

案主：你好假，你好虛偽，你不敢面對真實的我們，我更恨你。

趙中華：妳最希望妳爸爸說什麼話？妳最渴望他說什麼話？

案主：女兒妳辛苦了，我希望妳過得幸福。

父親代表：女兒，妳辛苦了，我希望妳過得幸福。

趙中華：好一點了嗎？

案主：好一點了。他經常說：既來之則安之。我很討厭這句話，我沒有自由。

趙中華：妳爺爺奶奶很凶，所以妳爸爸膽小，所以他不能為妳說話，他是在這種環境下長大，不是不願意愛妳，是妳爸爸愛不出來。妳現在只有把恨放下，才能重新開始，妳現在把他殺了，他也回不到那一天了。妳的爸爸是愛妳的，想讓妳好，也許他愛的方式是妳不能接受的，但他對妳的愛沒有改變過。

老師帶著爸爸代表一起說

女兒我愛妳，也許我愛妳的方式，對妳有些傷害，但我愛妳的心從來沒有改變。女兒，我真的很愛妳，我來到這個世界上，我受了很多的委屈，也受了很多傷害，我也是一個

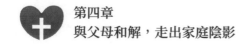
缺愛的人，我也希望有人來愛我。女兒，謝謝妳，我能做的都已經做了，感謝妳，在我心中妳是最重要的，妳是我的寶貝女兒，我最在乎的就是妳，女兒，我愛妳！

趙中華：願意跟爸爸擁抱嗎？只有放下恨，才能重新開始，去感受一下父母的懷抱。

案主：其實這個事情已經很多年了，我一直都沒放下，透過老師做這個排列之後，他從我系統中走出去的時候，我心中才有一種舒適，真正放下了，原諒對方了，雖然我前夫的爸爸在去年的時候我去見了他，但他還是沒有走出我的系統，剛剛老師讓我做的時候，我真正感受到跟他分開了，這個點我覺得很重要。

透過剛剛跟爸爸連結的過程中，我一直覺得我爸爸是麻木的，不會表達愛，特別是我擁抱的時候，他從來不會把手打開，我說爸爸你能不能抱我一下，他基本上不會。

我每次回去跟他說擁抱一下，說我愛你這樣的話，因為我知道他很麻木，我覺得系統的安排真的好神奇。

趙中華：安排個任務給妳，第一，找個時間、找個機會，跟妳愛人一起放兩三天假，你們找個地方去玩一玩，度個蜜月。第二，為爸爸做一頓飯吧，然後陪他說說話，不抱怨不指責，再買點禮物給他。可以嗎？

案主：沒問題，謝謝老師。

趙中華點評

　　我們經常會覺得父母不愛自己，也許一生都會帶著某種傷痛，但我們一定要看到父母不愛自己的背後隱藏著什麼原因，我們會發現父母的成長環境也是有各種不容易，從而導致他們缺乏愛的能力。學會理解父母，才能真正走出心理陰霾，放下仇恨才能迎來幸福。

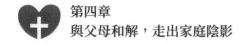
撫平童年創傷，再次感受到愛

案主：女士，50 歲，希望解決感情問題。

趙中華：今天想問什麼問題？

案主：我的感情總是出現問題。要麼不談戀愛，一談就是三角關係。我 27 歲結婚，48 歲離婚。

趙中華：說一下妳的前夫。

案主：他沒有野心，也沒有什麼欲望。我們的婚姻就像兩個人爬樓梯一樣，他一直在 1 樓，我已經爬到了 18 樓。所以在 18 樓的時候，我就又遇見一個心儀的人。

趙中華：那個外遇也沒和妳在一起，是吧？

案主：在一起幾年，後來分開了。

趙中華：聊聊妳的父親。

案主：我的父親是一個軍人，78 歲了，他很嚴厲、固執。他會按軍人的標準要求我們，犯了錯就要體罰，罰站，一站站幾個小時，甚至一晚上。

趙中華：當時妳多大？

案主：從小時候一直到十六七歲。

趙中華：妳後來有反抗嗎？

案主：我從國小到中學一直叛逆。甚至小的時候有過自殺的念頭。我性格內向，很渴望父愛。我找對象喜歡外向、開朗活潑的。

趙中華：妳父親是有點內向，對嗎？

案主：對，說話不多，不是外向型的，沒有太多的溝通。我媽媽是外向型的，脾氣不好。

趙中華：妳覺得妳更像媽媽還是更像爸爸。

案主：更像媽媽，脾氣大，嘮叨，控制欲較強。

趙中華：妳父母吵架一般是誰占上風多一點？

案主：媽媽占上風多些，我爸順著我媽。

趙中華：他順著妳媽媽，卻要罰妳和妳妹妹？

案主：因為以前爸爸在北方當兵，我媽媽在家裡照顧我們三個孩子。

趙中華：妳還有親子中斷？

案主：我4歲前爸爸都不在家，4到12歲我們一直在爸爸所在的部隊生活。

趙中華：妳和前夫在一起的時候，你們兩個有矛盾嗎？

案主：我們的矛盾就是兩個人不在一個頻道，他是那種較為安逸的人。

趙中華：有吵架嗎？

案主：和我父母一樣，我們吵架也是我較為強勢。

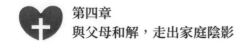
趙中華：你們兩個有發生肢體衝突嗎？

案主：剛剛生完我女兒時有過。

趙中華：體罰對孩子心理影響很大，壓抑了很多年，成年後就會爆發，導致婚姻不幸福，現在需要把妳的恨發洩出來。我們來排列一下，請一下代表。

● 排列呈現

（引入爸爸代表、媽媽代表、案主代表、弟弟代表）

趙中華：跟著感覺移動。看看妳的媽媽確實挺關心弟弟，一直看妳弟弟，而妳就是有點想得到愛（見圖 4-5）。

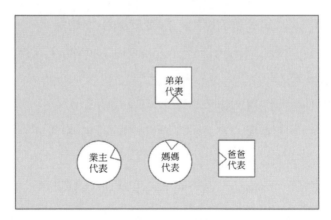

圖 4-5 各位代表排列呈現

妳閉上眼睛。聯想一下小時候，從 4 歲開始妳被體罰。

妳回憶一下，都有一些什麼樣的懲罰？把這種情緒調出

來。難道就因為妳是姐姐，就要承受這麼多不應該承受的嗎？妳先找到感覺，妳可以說出來，妳不處理好跟妳爸爸的關係，妳就永遠都不會接納男人，任何人都進不了妳的心裡。妳別說跟他在一起結婚 20 年，就是 50 年，也是跟他只是合夥過日子，無法走進男人的內心。請妳跟著我說。

老師帶著案主一起說

爸爸，我很怕你。小時候你對我進行了很多的責罵，在我心裡，我恨你。

案主：爸爸這麼多年，我真的是很恨你。我覺得我小的時候，我真的需要愛、需要擁抱、需要笑容。你太嚴厲了，我不喜歡你，我恨你！

趙中華：抱著這個枕頭。把爸爸對你的每一件傷害都放到這個枕頭裡。你問我如何修復夫妻感情，就從這裡開始。你不解決這個地方，其他都是假象。因為妳會把這個情緒給妳老公。妳老公就會變成妳爸，妳會經常對妳老公發火。妳為什麼對他發火？因為妳在享受情緒。如果妳把全部傷害都放到枕頭裡了，妳就睜開眼睛，把這個枕頭用力摔出去，一邊摔一邊說，我恨你，我討厭你。

案主：現在感覺好一點了。

趙中華：沒有完美的父母。妳說這些話不代表不愛父母，只是對過去的事做一個了結。

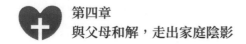

老師帶著爸爸代表一起說

女兒我做了一些事傷害到妳，跟妳說一句對不起，請妳原諒。我是家裡的老么，所以我繼承了家裡的希望。對妳要求那麼高，是我愛妳的錯誤表達。

老師帶著案主一起說

爸爸，我也愛你，謝謝你。現在我把對你的恨也放下了很多很多，接下來我會以女兒的身分愛你，謝謝你！

老師帶著案主一起說

媽媽，這麼多年你們都不相信我。我一直像一個男孩子一樣，都是自己在打拚。但我現在漸漸地放下了，現在我想要我自己的幸福。謝謝你們的培養，謝謝妳！

趙中華：擁抱爸爸媽媽，你要理解和感受父母的愛。

把自己的感覺表達出來。妳養過寵物嗎？

案主：我不喜歡，我喜歡養花。

趙中華：我建議妳嘗試養動物。不管是魚也好，小狗也好，小貓也好，都可以。

案主：好，謝謝老師！

趙中華點評

我們所有的心理困惑其中一個原因是來自童午的創傷。體罰對孩子的傷害很大，讓孩子感覺犯了錯後，只要被懲罰了，才能把錯誤抵消。成人後就會出現一種人格，喜歡被別人虐待，因為他覺得懲罰代表愛，被懲罰就安心了。只要被懲罰了就證明我沒有錯，沒有人懲罰他，他就會自虐。一定要把童年的憤怒發洩出來，才能撫平童年的創傷。

第五章
親子關係：尊重而非操控

　　當父母夢想破滅時，就是孩子噩夢的開始，因為父母要操控孩子，讓孩子替自己實現夢想。有了尊重才有愛，即便不認同孩子的觀點，也要允許孩子有自己生存的空間。父母首先是改變自己，才能影響孩子。

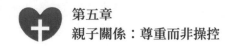
和孩子溝通不順，是愛的方式有問題

案主：男士，50 歲，希望改善親子關係。

趙中華：你想問什麼問題？

案主：親子關係。

趙中華：你目前親子關係出現什麼問題了？

案主：溝通不是很順暢，比如說想跟她交交心，她總是會拒絕。

趙中華：多大了？

案主：今年 22 歲，是個女兒。

趙中華：那請問你和她之間發生了什麼？

案主：我是很嚴厲的，我打過她，打過四五次，有一次打得特別厲害了，因為她不尊敬她媽媽，所以我就把她關到房間裡打。

趙中華：當時她多大？

案主：12 歲，我說不能這樣對媽媽，然後她頂嘴，我就打她了。

趙中華：打了多久？

案主：有一二十分鐘吧。

趙中華：還有什麼時候打過她？

案主：最後一次就是她高中畢業的時候，也是我覺得她對長輩不敬，又打了她。

趙中華：現在孩子是什麼狀況呢？

案主：這兩個月我主動改變了，所以溝通比以前要好。

趙中華：希望我幫你改善和孩子的溝通？

案主：對，孩子說她自己有點焦慮，原本計劃去年 12 月考研，後來她又沒考。

趙中華：談談你的成長經歷。

案主：我的父親非常嚴厲，他在警察局上班，一個月到兩個月回來一次，12 歲之前父親都沒有陪伴過我。

趙中華：你爸爸對你動手，印象深刻的有幾次？

案主：沒有印象深刻的事，我做錯了事，他隨時都可能打我，毫無預警。

趙中華：我大概知道了。我們來排列一下，請一下代表。

●排列呈現

（引入爸爸代表、媽媽代表、案主代表）

趙中華：跟著感覺移動。你爸爸對你的期待挺高的？

案主：期待高不高不知道，就是要求我要聽他的話。

趙中華：期待越高，就對一個人要求越嚴。

案主代表：我不敢看爸爸的眼睛，我就想媽媽特別多。

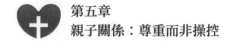

媽媽代表：我就想保護兒子，和兒子靠近一點。

爸爸代表：我希望他成長為我希望的樣子。

趙中華：你爸爸現在去世了？去世幾年了？

案主：去世 5 年了。

（引入老婆代表、女兒代表、情緒代表）

趙中華：跟著感覺移動。有什麼感想（見圖 5-1）？

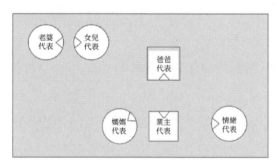

圖 5-1 各位代表排列呈現

爸爸代表：我現在就總覺得他沒有成為我想要的人。

案主代表：我就想離我爸爸遠一點，我想跟我這個小家裡面的人在一起，我覺得很幸福。

趙中華：你爸爸始終看著你，滿眼都是你，說明對你期待確實挺高。

老婆代表：我可以看到我女兒，也可以看到我老公，我覺得滿好的。

案主代表：我還是想看到他們，我很舒服，我不想跟我爸爸靠得太近。

女兒代表：我就想挨著媽媽，安安靜靜的。

爸爸代表：就是感覺他不按照我的要求來，感覺他在對抗。

趙中華：你小時候和爸爸對抗嗎？

案主：小時候很反感我爸爸。

趙中華：情緒代表上來一直盯著案主代表。

案主代表：他一上來，我就感覺有一股壓力，然後就想走開。但是我又不願意去我父親那邊，所以有點手足無措。

趙中華：我最開始推測你這個打人的情緒和你爸爸有很大的關係。但透過排列，我發現和你爸爸關係不大。可能和你的成長還有很大的關係，應該是你小時候的情緒堆積在一起導致的。

案主：我記得我在 18 歲當兵的時候，列隊準備去上火車。我從小和爸爸的肢體接觸，只有他會揪我耳朵，其他是不會有的。當兵的時候，我們一起往列車車廂走，人也很多，我沒有帶行李，爸爸就搭著我的手，這個時候我的感覺非常強烈，心裡感覺非常踏實，就是我以前對他的所有抱怨都灰飛煙滅了。

趙中華：有什麼話想對爸爸說？

案主：小時候我很調皮，惹你不高興。現在你已經離開我們幾年了，其實是我長大以後，才理解你的想法。

趙中華：你跟著我說幾句話。

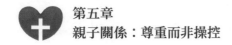

老師帶著案主一起說

爸爸，那一次你在火車站送我，你握著我的手，那一刻我才感覺到了父親的愛，這麼多年，我一直非常渴望你的愛，你對我有一些要求和期待，這些要求和期待的背後，也是你對我的愛。同時你愛我的方式，對我也有一些影響，導致我現在，在愛我女兒的時候，會用到你的方式。爸爸，中斷的那十幾年，其實我很需要你，我知道你是一個警察，但我需要一個爸爸，一個爸爸給予我的愛，我現在做了爸爸之後，當女兒不聽我的話，跟我對抗時，我也會像你一樣去對待她。爸爸，我愛你！

趙中華：閉上眼，回到你小時候特別渴望父親的時候，沒有哪一個孩子不渴望父親的愛。你在什麼時候最渴望父親？你會慢慢地向父親靠近，父親也在向你靠近。慢慢地變成你小時候，在你受欺負的時候，在你受委屈的時候。你最渴望你父親的時候你有多久沒擁抱你的父親？和父親擁抱一下。

女兒代表跟著我說幾句話。

老師帶著女兒代表一起說

爸爸，有時候我感覺不到愛，因為有時你太嚴厲了，我需要的爸爸是一個支持我、相信我、愛我的爸爸，你有一些期待，是你爸爸對你的期望，不應該放在我的身上，我只是

女兒，可以讓我做自己嗎？我想以女兒的身分來愛你，可以嗎？

趙中華：女兒非常渴望父親的愛，你說她不尊重媽媽，要讓她真正懂得道理，你女兒要的就是尊重、接受、愛，你的爸爸對你要求很嚴厲，所以你對你女兒也有很高的要求，這一代一代傳承下來，你爸爸只牽著了你一次手，你就完全化解，你的女兒何嘗不是？所以說真正的愛是沒有控制的，真正的愛是沒有不該有的期待的，這才是真正一家人，回去之後好好跟女兒說一句對不起。

你問我如何溝通？從道歉開始，從對不起開始，從我愛你開始，一次不行，做兩次，兩次不行，說三次，三次不行，說十次。

你的作業是每天擁抱三個人。堅持 21 天。

趙中華點評

很多人往往把最不好的一面留給了親人，把最好的一面留給了陌生人，殊不知你生命中最重要的人是你的親人，對方為什麼能忍受你的臭脾氣，因為對方愛你，因為對方在乎你，所以越熟的人越要有禮貌，越熟的人越需要尊重，因為有了尊重才有了愛，因為有了理解才有了愛，因為有了包容和欣賞，才有了愛。

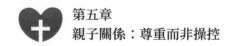

孩子總是不開心的理由

案主：女士，45 歲，希望改善親子關係。

趙中華：妳今天的問題是什麼？

案主：關於親子關係。我有三個女兒，目前我二女兒經常不開心，也不願意外出，也不願意上學，身體經常不舒服。

趙中華：那妳的目標是什麼？

案主：目標就是找到這個孩子不開心、情緒失控的原因，幫助這個孩子走出來。

趙中華：妳指的走出來是指什麼？

案主：讓她變開心，很多事情變得更加有正能量。

趙中華：那妳孩子的這種不開心，妳覺得是什麼原因？

案主：可能是家庭的原因，或者是我們夫妻關係的原因。

趙中華：還有嗎？

案主：還有我們平時溝通方式的原因。

趙中華：我們來聊聊妳的爸爸，妳的爸爸是一個什麼樣的人？

案主：我的爸爸非常聰明，也很帥氣，非常有主見。

趙中華：很好。我聽妳對妳爸爸的評價，妳好像很欣賞妳爸爸，好像很喜歡他。

案主：對。

趙中華：所以說爸爸對妳很重要，是不是這種感覺？很喜歡爸爸，爸爸在妳心目中位置很高。媽媽呢？

案主：媽媽有點柔弱，她也很善良，很勤快，很持家，就是柔弱、心軟。我們小時候，父母關係很不好。

趙中華：他們吵架妳一般幫誰？

案主：在心裡面會向著母親多一點。

趙中華：妳的外公外婆是做什麼的？

案主：都是農民，都去世了。

趙中華：妳的爺爺奶奶是做什麼的？

案主：也都是農民。

趙中華：妳的爸爸是他們家最小的一個，對吧？

案主：對。

趙中華：我看到妳媽媽善良，妳也善良，妳有點自卑，不太喜歡說話，妳覺得這份自卑跟誰相關？

案主：跟母親吧。

趙中華：為什麼這麼說？

案主：我受她的影響多一些。

趙中華：什麼影響？

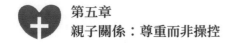
案主：她很關心我。

趙中華：妳有自卑，妳的孩子有自卑，看到了嗎？這個有點像盲目的忠誠，這個叫模仿、複製。妳有點內向，妳孩子也有點內向，妳的內向跟誰相關？

案主：跟父母他們那時候吵架、冷戰都有關係。

趙中華：相互冷戰多長時間？

案主：很久。

趙中華：妳的孩子也不太想說話，我們也不要說孩子憂鬱，可能沒有憂鬱，孩子僅僅是不喜歡說話，有沒有發生一些什麼事，影響了她？

案主：我覺得是不是和親子中斷相關。

趙中華：是指什麼時候有親子中斷。

案主：她 1 歲以後，我斷斷續續在外面工作，到 8 歲以後我去更遠一點的地方，兩三年才回來一次。她 12 歲的時候我帶她去很遠的地方，在一個陌生的學校、陌生的環境，她可能也受到過別人的嘲笑和欺負。

趙中華：這可能就是問題的根源。親子中斷在自我成長裡面，對孩子的影響是很大的。如果孩子從小沒有感覺到爸爸媽媽的愛，未來就會缺乏愛與被愛的能力，無力感都有可能。這需要做一個親子中斷的連繫。

趙中華：我們來排列一下，請一下代表。

●排列呈現

（引入案主代表、女兒代表、老公代表）

趙中華：跟著感覺移動，大家的感覺是什麼（見圖 5-2）？

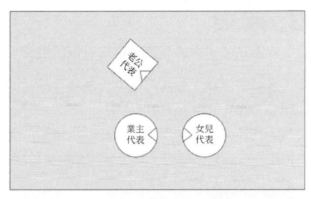

圖5 2 各位代表排列呈現

老公代表：感覺很無力，過來想幫助孩子，但孩子離開了，有無力感，很沮喪。

案主代表：我感覺孩子好像只靠近我，我感覺挺溫暖的。

女兒代表：心裡很舒服。

趙中華：妳有什麼話想說嗎？

女兒代表：我覺得爸爸過來的時候，我壓力特別大，壓得我喘不過氣，很抗拒，沒有想說的話，感覺好委屈。

老公代表：看到孩子這種感覺，自己很難受。

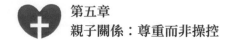
女兒代表：我現在想靠近媽媽，然後又不知道怎麼去伸手，他們過來的時候覺得溫暖了，又特別委屈，現在也不抗拒他們，但是就是不知道怎麼伸手。

趙中華：來，看著媽媽的眼睛說幾句話。

老師帶著案主一起說

媽媽，我很想愛妳，可是我又不知道如何愛妳，甚至有點害怕向妳靠近。

案主代表：我想給她很多很多的愛。

趙中華：你知道為什麼媽媽之前給不了女兒太多愛嗎？因為媽媽也沒有得到太多的愛。來看著爸爸說幾句話。

老師帶著案主一起說

爸爸，我很愛你，同時我也不知道怎麼愛你。

趙中華：你老公在家強勢嗎？

案主：不強勢，就是有點大男人主義。

趙中華：我剛才留意到他一過來，妳的孩子就走開了。

老師帶著爸爸代表一起說

女兒，爸爸很愛妳，同時有時候我的愛也許傷到了妳，對不起！請妳原諒。

趙中華：講完之後，有改變嗎？

女兒代表：覺得他們柔和了很多，不那麼抗拒他們了，

想伸手去拉拉他們，但是還是不敢伸。

老公代表：我站在這裡我會感受到我只會關心我的女兒，但是我也沒感受到我妻子對我的關心，就是我站在這裡我是為了我女兒站這裡，沒有感受到夫妻間的溫暖。

趙中華：所以妳老公可能還需要妳的愛，平時對他有一些忽視，知道了嗎？回去以後，要多關心他，可以嗎？

案主：可以。

（引入親生女兒）

趙中華：很漂亮的一個女孩子。看著孩子的眼睛說幾句話。

老師帶著案主一起說

孩子，之前媽媽對妳有一些忽視，是媽媽的錯，請妳原諒。因為媽媽也沒有愛，媽媽很想愛妳，可是我的爸爸媽媽也沒有給我愛。孩子，我將來會盡量地去愛妳，我曾經做的一些事情傷害了你，請妳原諒。

我願意改變自己，重新來愛妳，讓我們重新開始，可以嗎？

趙中華：給媽媽一個擁抱，抱著不要動，孩子閉上眼睛，感受媽媽的身體，去感受妳從小缺失的愛，那麼多年，每個孩子都渴望有媽媽抱，每一個孩子都渴望有人愛，妳的媽媽也不容易，她從小也是一個沒有被人關心的人，她是家

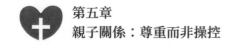

裡最小的一個，妳的媽媽上面有四個哥哥跟姐姐，她從小被忽視，她也沒有愛，媽媽也是在這種環境下長大，所以才有了妳，她把妳帶到這個世界，她也不容易，去感受媽媽的身體，去連繫媽媽的力量，去連繫媽媽的愛，去感受，完全地去感受媽媽的身體，去感受媽媽的愛，想像自己回到嬰兒的時候，回到妳那麼多年沒有跟媽媽在一起的日子，現在妳擁有媽媽了，妳不再孤單，妳能夠完全地感受媽媽的愛、媽媽的身體，媽媽是很愛你的，無論怎樣，她都愛妳，無論變成怎樣，媽媽都愛妳，去感受。

這種親子中斷在每個人成長當中是非常重要的，最好的辦法就是擁抱，非常好。這個孩子也感動了，也哭了，孩子也渴望愛，這個孩子也非常堅強，這個孩子非常有力量。我相信帶著這樣的感覺，她們的愛可以重新開始，她們這種感覺，這種家庭可以重新開始，愛能化解一切，唯獨愛，能解決所有。

孩子，我再教你說兩句話，看著媽媽的眼睛，跟著我一起說。

老師帶著親生女兒一起說

媽媽，我也愛妳，我做不了妳，我只能做我自己，媽媽，我能做我自己嗎？媽媽我不乖了，妳還愛我嗎？媽媽，我犯了錯，妳還愛我嗎？就算我表現不好，妳還愛我嗎？

案主：無論怎樣，我都愛妳。

趙中華：向媽媽鞠躬，說謝謝媽媽。

親生女兒：謝謝妳，媽媽。

趙中華：我們要感謝生命。

趙中華點評

　　孩子出現問題，就是提醒家長要成長了。媽媽如果自己就缺少愛，那麼她也給不了孩子愛，所以孩子出現問題，家長要先找自己的原因，先改變自己才能改變孩子。

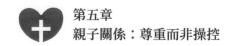
缺乏母愛，所以不知道該如何表達愛

案主：女士，36 歲，希望改善和家人的關係。

趙中華：妳今天想問什麼問題？

案主：改善我和家人的關係。

趙中華：目前妳最想處理跟誰的關係？妳想達到什麼效果呢？

案主：在我童年時，我和爸爸媽媽沒有在一起生活，沒有得到父母的愛。在我記憶裡，我就記得我媽媽去世時，我最後一次去送她。我爸爸一直在外面做生意，中間偶爾回來，因為我們家四個孩子，爸爸壓力很大，有時候我們孩子間吵架，他就會打我，我一直很怕爸爸。

趙中華：孩子們吵架，妳爸爸為什麼打妳呢？妳是排在中間的，上面有姐姐還有哥哥。

案主：我媽媽去世時，姐姐已經 12-13 歲了，2 年後她就出去打工了。我妹妹因為年紀小，我爸爸出去打工一直把我妹妹帶在身邊。

趙中華：妳是被誰帶大的？

案主：奶奶。

趙中華：妳奶奶帶妳到幾歲？

案主：從媽媽去世前我就在奶奶家，一直到我 15 歲出去打工。

趙中華：妳奶奶還在不在？

案主：不在了。我和哥哥在奶奶家時間長一些，奶奶重男輕女，更喜歡我哥哥，對我經常打罵，我感覺奶奶就像魔鬼一樣，對我很凶，我很怕她。

趙中華：爸爸對妳也有點凶。

案主：對，我也很怕爸爸，但爸爸打得不多，只打過幾次。

趙中華：妳想媽媽嗎？

案主：想媽媽。

趙中華：這很明顯是親子中斷問題，和媽媽親子中斷就會缺乏安全感，孩子受了委屈，媽媽一抱孩子就不哭了，孩子感覺自己有了依靠，感覺自己是被疼愛的。

案主：是，我知道自己缺乏安全感。

趙中華：缺乏安全感，在成人後最大的表現就是喜歡控制別人，一旦發現這個人不在掌控範圍，他就會焦慮、緊張，感覺很無助。在自己家裡就會表現為控制老公和孩子，軟硬兼施。

如果和爸爸親子中斷，就會力量缺失，缺乏自我價值

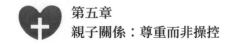
感，一個有價值的人，一個有力量的人，是能夠面對人生困境的人。

　　妳想透過修復和父母的關係，改善和誰的關係？

　　案主：改善和兒子的關係。

　　趙中華：妳覺得和妳兒子的關係，目前最大的問題是什麼？

　　案主：他好像不想見到我。

　　趙中華：妳猜他為什麼不想見妳？

　　案主：他覺得我什麼都想管他。

　　趙中華：妳知道答案了。

　　案主：我不知道自己說的哪句話傷害到他了，我自己不能確定我說的話是對還是錯。

　　趙中華：這個問題問得好，我們和孩子溝通時，自己要先把要說的話在腦子裡過濾一下，比如說，「你怎麼又不管我呢？」你在發這條訊息前，先發給自己，自己看看有什麼感受。

　　案主：是，這也是我需要提升的，因為我這個人說話，很多時候我就是沒有顧及別人的感受。

　　趙中華：妳也可以找個人示範一下，講給對方聽，問問對方感受，就這樣練。現在孩子在外地讀書？

　　案主：他已經從學校回來了，他不想回學校讀書。我希

望他要麼到您這裡學習一下，要麼就回學校去讀書。

趙中華：一個人不能操控另外一個人，妳希望讓他回學校，妳還想達到什麼目的？

案主：如果他不回學校，也不來您這裡學習，他就會找他的朋友玩，我就怕他受別人影響，他現在就開始抽菸喝酒。

趙中華：妳記住一點，妳想成全什麼妳就反對什麼。

比如說他在抽菸，妳想成全他抽菸，妳就不準他抽菸，他保證這輩子都會抽菸。妳不允許他跟小麗談戀愛，妳只要一反對，他們兩個就會在一起。人就是這樣的，因為他有自我意識，他需要有自己的決定。所以當一個人有自我出現之後，他第一個反應就是跟父母作對。

回去之後和孩子聊一聊，妳一定要記住，不要操控，妳的操控會讓人遠離妳，不管是孩子還是老公，還是妳身邊的朋友，都是一樣的。妳只要還帶著操控這項行為，人家都會想遠離妳，因為沒有誰想做那個木偶，沒有誰希望被別人操控。

案主：我知道了。

趙中華：那我今天幫妳處理兩個問題，一個是修復妳在原生家庭的感情創傷；二是改善妳和孩子的關係。我們來排列一下，請一下代表（見圖 5-3）。

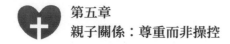

● 排列呈現

（引入案主代表、奶奶代表、爸爸代表、媽媽代表）

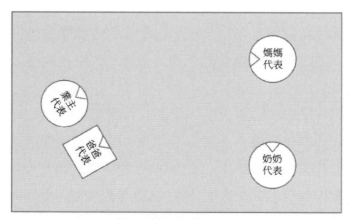

圖 5-3 各位代表排列呈現

趙中華：好，跟著感覺移動，大家談談感受。

案主代表：媽媽上來時，我想靠近媽媽，但是我腳抬不動，同時我又覺得靠著爸爸有安全感一點。

趙中華：在心理學中有個詞叫做生存姿態。意思是我為了讓自己活下去，他必須要依附在某個人的身邊。比如說爸爸總罵我，我為了讓自己活下去，我就會討好爸爸。

孩子會根據父母的態度來改變自己，薩提爾提出四種生存姿態：指責型、打岔型、討好型、超理智型。

案主：我突然想起來，在我媽媽去世後，我爸爸突然回

家裡做生意，我那一年就不讀書了，我在家裡幫我爸爸洗衣服、做飯。

趙中華：妳覺得妳在當誰？

案主：媽媽。

趙中華：這就是身分錯位了。請面向媽媽，我引導妳說幾句話。

老師帶著案主一起說

媽媽，爸爸是妳的，爸爸屬於妳，我沒資格站在妳的位置，對不起！

趙中華：再面向爸爸說幾句話。

老師帶著案主一起說

爸爸，媽媽才是你的女人，我只是你的女兒，我沒辦法去做你的妻子，去填補你的空虛，去滿足你的寂寞，我只能做女兒，對不起！

趙中華：想像自己真正從爸爸的身邊走出來，自己往後退一步。退出來了。感覺怎麼樣？

案主：輕鬆一點。

趙中華：妳要記住，就算媽媽不在了，她也是爸爸的女人，這是永遠不變的。妳想要真正解除妳的控制欲，最根本

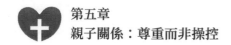
的原因就是要修復妳和媽媽的感情，因為妳媽媽 36 歲就去世了，對妳來說幾乎是一個空白，所以妳缺乏安全感。現在妳跟著我講幾句話。

老師帶著案主一起說

媽媽，我很想妳，我非常想妳，我無時無刻不在想妳，直到我現在長大之後，我的控制，我的操控，我的不安全感，都來自我在尋找妳。媽媽，妳還好嗎？

（案主大哭。）

趙中華：現在妳閉上眼睛，回憶一下小時候妳最需要媽媽的時候是在什麼時間？什麼地點？

案主：我放學趕上下雨時，我看到別的媽媽來送雨傘和衣服，而我穿著短袖，被雨淋溼了，我覺得很冷。

趙中華：妳那時候多大？

案主：大概 10 歲的樣子。

趙中華：現在要請妳往前走，一直走到 10 歲的時候，再繼續往前走。一直走到妳最需要媽媽的時候，繼續往前走，走到那個下雨天，10 歲的妳，站在雨中，特別需要媽媽的時候。媽媽，我需要妳，媽媽，我想你。想像自己變成了一個小孩，然後在下雨天很需要媽媽。這麼多年，不管妳受了多大的委屈，受了多大的傷害，有媽媽的懷抱，有媽媽在，一

切都能解決。（媽媽代表擁抱案主）把自己完全變成一個孩子，享受媽媽的愛，想像媽媽的愛就像一道光透過媽媽的身體，溫暖到妳身體的每一個細胞，溫暖從你的身體傳到妳的心中，傳到妳的手指尖、腳尖、頭髮。不安全感猶如黑暗，用這道光把它驅散掉。放鬆，妳現在身上不要用任何的力量，相信媽媽，媽媽抱著妳呢！全身放鬆，不要用任何的力量。妳跟著我講幾句話。

老師帶著案主一起說

媽媽，妳已經走了，這是事實，在身體的層面，妳已經離開了我，但在靈魂的層面，妳時刻都存在。媽媽，我把妳放在我心裡最重要的位置，等時間到了，也許四五十年之後，我們總有一天會相見。媽媽，我愛妳！媽媽，謝謝妳！

媽媽代表：其實我一直都在祝福妳，一直都在關心妳，相信在妳受苦的時候，一定可以堅強地去面對。果然，妳真的非常堅強，讓我非常放心，我現在可以放心了，我對妳真的放心了。妳是一個很棒的母親，妳有能力去做好一個好母親，我相信妳。

趙中華：請代表上來（見圖 5-4）。

（引入兒子代表、老公代表、未來兒媳代表）

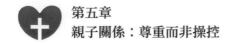
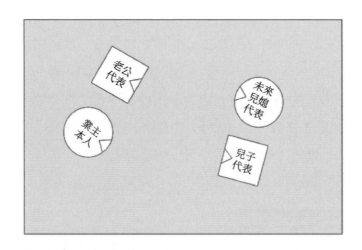

趙中華：跟著感覺移動。

兒子代表：開始我想走過去挨著媽媽，但發現爸爸過去了，我就沒過去。

趙中華：這句話很重要，身分錯位到這一代又有了。也許妳兒子想當妳老公，妳兒子的眼睛一直關注著媽媽，沒怎麼注意爸爸。所以妳要真正醒悟過來，開始把妳的眼睛放在老公身上，如果妳再長時間把妳的精力都放在兒子身上，兒子就會發生身分錯位。

案主代表：我看著老公，我想靠近他，又有點不敢靠近，就是有點緊張的感覺。

老公代表：我感覺很有壓力，想靠近老婆，但她真的很凶。

趙中華：妳面對兒子代表，跟著我說幾句話。

老師帶著案主一起說

兒子，你是我的兒子，我是你的媽媽，你做不了我的丈夫，你只能做我的兒子，媽媽是有人陪的，媽媽是很辛苦，是很累，但這也是媽媽的命，與你無關，你很愛媽媽，媽媽知道，媽媽只能給你一個母親的愛，不能給你伴侶的愛。

趙中華：會有一點捨不得，放輕鬆一點。妳兒子未來會屬於他的愛人，不屬於妳。妳所有的問題都來自不願意讓他走，妳捨不得他，因為妳小時候已經體會過這種親情中斷。妳兒子的未來屬於他的愛人，不屬於妳，妳要把焦點放在妳老公身上，他才是妳的伴侶。兒子代表，請你和我一起說。

老師帶著兒子代表一起說

媽媽，我想走，我想做我自己，可以嗎？媽媽，妳願意讓我做自己嗎？也許我做的事不一定符合妳的心意，但那才是我，我沒辦法滿足妳的那份期待。

趙中華：感覺怎麼樣？

案主：感覺特別好。

趙中華：安排個作業給妳，每天鼓勵老公三次，每天鼓勵孩子三次，堅持 21 天。

第五章
親子關係：尊重而非操控

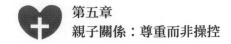

趙中華點評

　　孩子在成長過程中，親子關係中斷對他的影響非常大，會影響到未來的婚姻關係和他自己的孩子。如果是與媽媽親子關係中斷就會缺乏安全感，從而產生強烈的控制欲，一旦發現這個人不在他的掌控範圍，他就會焦慮、緊張，感覺很無助。對愛人和孩子的控制欲都很強，以至於愛人和孩子都想遠離他。如果是與爸爸親子關係中斷就會缺乏力量，缺乏自我價值感，在別人面前沒有自信。

愛並不能用來操控孩子

趙中華：妳今天想問什麼問題？

案主：我想改善和孩子的關係。

趙中華：孩子多大了？

案主：大的 15 歲，小的 6 歲，都是男孩，現在和大兒子關係不好。

趙中華：和孩子關係怎麼不好？

案主：就是關係很緊張，他都不想看我。

趙中華：目前和孩子就不怎麼交流，是吧？就是兩個人都沒有共同話題了。現在關係惡劣到什麼程度？

案主：他現在在外地讀書。他不要我過去看他。

趙中華：你們之前發生了什麼事？

案主：我對孩子期望很高，但是他成績不理想，我經常嘮叨他，對他提出更高的要求。現在他又未成年戀愛了，經常要零用錢，我給他錢又很不放心。

趙中華：妳個人認為導致你們關係疏遠最重要的原因是什麼？

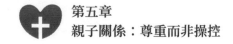
案主：我覺得他不信任我了，以前他對我還是信任的，後來因為他不聽話了，我就開始嘮叨，有時候就請他爸爸跟他講道理，結果他爸爸的話他也不聽，以至於關係越來越緊張。

趙中華：以前他聽妳的話，現在沒那麼聽話了，不跟妳交流，不跟妳說話。現在說的沒那麼多了。

案主：現在就不交流了，我問他為什麼這樣？他說因為看到我的表情，本來他不想做的事，但偏要做給我看。

趙中華：好的，我大概清楚了，就是妳想改善和兒子的關係。那妳的目標是什麼？妳想達到什麼效果呢？

案主：因為馬上要會考了，我很焦慮，擔心他考不好，我知道我的情緒會帶給他一些負面的影響。我就是希望能緩解我緊張的心情，孩子現在這個樣子，我也意識到是我的原因，比如他愛玩遊戲，我當時不應該買手機給他，另外我在錢這方面也沒管理好。

趙中華：妳是希望能緩和你們之間的關係。妳之前打過他嗎？

案主：國小之前我打過他，但是後來我跟他承諾了，不再打他。

趙中華：妳跟妳老公關係怎麼樣？

　　案主：我們關係一般，平時我們也會交流，但是我對他有點不屑的那種感覺，我們兩個人觀點不一樣時，我就不想跟他說了。他也說過，妳說妳的，我做我的。

　　趙中華：你們的關係也是有點疏遠，是吧？

　　案主：疏遠也不疏遠，就是觀點不一致時，我就不再跟他講了。

　　趙中華：好，我再複述一下，今天我們的目標一是找出妳和兒子關係緊張的原因；二時改善妳和丈夫的關係；三是減輕妳的焦慮情緒。我們來排列一下，請一下代表（見圖5-5）。

●排列呈現

　　（引入老公代表、案主代表、兒子代表）

　　趙中華：大家跟著感覺移動。你看媽媽眼裡只有孩子。但媽媽每次想接近孩子時，孩子就跑開，這說明孩子有壓力。同時妳還有身分錯位，妳把太多的焦點放在兒子身上，把兒子當成老公了，忽略掉妳真正的老公。當妳的眼裡只看到孩子的時候，孩子的壓力是很大的，他要離開妳。

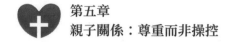

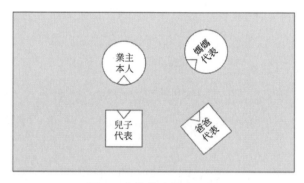

圖 5-5 各位代表排列呈現

案主：我明白了。

趙中華：跟著我一起說幾句話。

老師帶著案主一起說

媽媽對不起你，以前對你要求過高，期望過大，壓得你喘不過氣來。我以後會降低對你的期望，放平常心態。不過多地去嚴厲要求你。

接受，並尊重你。

老師帶著兒子代表一起說

媽媽，我不是妳老公，我只是妳的孩子，我沒辦法去填補妳的空虛，去滿足妳的寂寞，那是爸爸該做的事情。

趙中華：妳感覺怎麼樣？

案主：聽了之後覺得確實是這個道理，我感覺稍微輕鬆一點了。

趙中華：當媽媽的眼裡只有成績和期待的時候，孩子會感覺你愛成績勝過愛我。

老師帶著兒子代表一起說

媽媽，我無法成為妳理想中的樣子，我想做我自己，可以嗎？妳真的願意放過我嗎？

案主：我願意讓兒子做他自己。

趙中華：所有不和諧的關係，都會存在操控問題，你沒有操控，別人就不會遠離你，因為任何人都不想被操控。他是妳的兒子，但他不屬於妳，妳沒有權利去控制他，他有權利選擇自己的生活，將來他也會有自己的家庭。妳應該和自己的老公攜手一生，如果你們夫妻之間經常不說話，無形中就會影響到孩子，孩子以後也會不擅長與人相處，你們之間經常冷戰，孩子長大後會變冷漠，或者是沉默寡言，所有說我們家孩子不喜歡說話的家長，他們家一定有兩個經常吵架、冷戰的父母，因為在家裡不說話，經常沉默寡言。

案主：確實是這樣。

趙中華：那妳和我一起說幾句話。

老師帶著案主一起說

你是我的孩子，我是你的媽媽，你只能給我一個孩子能給的，不能給更多。我曾經對你有一些要求和期待，對不

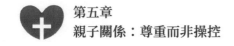

起，現在我把這些要求和期待收回來。我去找我的父母，我去找我的伴侶，孩子謝謝你！你有你的人生，你有你的規劃，你不屬於我，也不屬於你的爸爸，你屬於這個世界，媽媽愛你！你比成績更重要，你比課業更重要，無論如何，媽媽都愛你！

趙中華：和孩子擁抱一下，孩子要的是擁抱，不是妳的操控，不是妳的要求，妳的操控和要求直接把孩子越推越遠，孩子為什麼不喜歡跟妳在一起？是因為妳過去總是有一些操控，要去改變他。你現在有什麼感受？

案主：現在感覺輕鬆一些，沒有那麼沉重了。

趙中華：建議妳經常問問自己，今天我開心嗎？今天我快樂嗎？妳對孩子的期待越大，妳這個手就抓得越牢，妳還如此年輕，妳還有很長的路要走，妳應該為自己規劃一下，未來妳該走什麼路？為自己的人生規劃一下，做一個 3 年或 5 年的計畫。當妳朝著自己的目標奮鬥的時候，妳的手才能放開。

案主：確實是這樣，我兒子也說我們不求上進，認為我們總是安於現狀。

趙中華：對，妳心裡有自己的規畫，有一個目標，慢慢地往前走，這個時候你會發現自己和過去完全不一樣了。

愛並不能用來操控孩子

趙中華點評

　　當父母夢想破滅的時候，就是孩子噩夢的開始，因為父母要操控孩子，而這種操控會讓孩子遠離你，誰也不喜歡被操控，家庭中有了尊重才有愛，在不認同孩子做法時，還能允許孩子有自己生存的空間，這才是愛。

第六章
夫妻平等關係：尊重的基石

　　婚姻最重要的是我愛你，但不代表我能操控你，不代表你也愛我，不代表我能對你提要求，只代表我有理由愛你，我有理由對你好，我有理由買禮物給你，真正的愛是無條件的愛，愛不是交換，不是生意，只是單純地我愛你。婚姻中的幸福不是把自己託付給對方，而是提升自己的價值，與其尋找不如吸引，讓自己值得被愛。

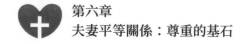
平等的情侶關係

案主：女士，40 多歲，希望改善夫妻關係。

趙中華：今天想問什麼問題？

案主：我想諮商婚姻問題。我在婚姻中常常採取委曲求全的態度，我得不到丈夫的認可。

趙中華：妳能具體說說你怎樣委曲求全嗎？

案主：我在婚姻中努力把事情做到最好，希望得到丈夫認可，但往往事與願違，我越努力越得不到丈夫的認可。

趙中華：看來妳不僅有小孩心態，還有受害者心態。

案主：我老公對我隱瞞他的收入，他借的錢也讓我來還。今年我發現他有外遇了。

趙中華：我現在問妳幾個問題，目前妳覺得妳和妳老公之間激情和愛情分別有幾分，最高是 10 分。

案主：激情是 0 分，愛情是 5 分。

趙中華：你們兩個是怎麼認識的？

案主：我們是自由戀愛，當年我 19 歲，這是我的初戀。

趙中華：那妳希望透過諮商達到什麼目標？

案主：按我的性格來講，我接受不了這個現狀，我想離

婚，但是我兒子24歲了，這個家能有今天也不容易，所以我現在想盡自己的努力保住這個家，我不想以後有遺憾，但是我也明白他一下是轉不過心意的，所以我想努力改變自己。

趙中華：妳想讓我幫助妳和丈夫能夠更好地溝通，建立良好的關係，是這個意思嗎？

案主：是的，我覺得我也有很多地方做得不對，我想努力提升自己，希望透過改變自己，讓丈夫重新回歸家庭。

趙中華：我首先想說的是婚外情沒有很完美的解決方案，其次妳現在和丈夫冷戰，這個行為的結果就是撮合了他們兩個人。

案主：我想和他去溝通，但是我不知道怎麼溝通。

趙中華：在他有外遇之前，你們的關係怎麼樣？

案主：也不怎麼樣。我們溝通得很少，我說的話他基本都不認可，他認為我的觀點都不對。

趙中華：在他有外遇之前，你們兩個在家裡誰占主導地位？

案主：他占主導地位，他發脾氣的時候，我就不理他了。他受原生家庭的影響，他經常罵我。

趙中華：妳恨他嗎？

案主：我恨他。

趙中華：你們之間性生活怎麼樣？

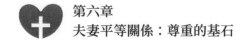

案主：這幾年我們基本都在冷戰。

趙中華：妳認為妳像他的媽媽還是像他的女兒？

案主：更像他的媽媽。

趙中華：透過我和妳的對話，給我的感覺是，妳既做了他的媽媽，又做了他的女兒。同時妳還有小孩心態和受害者心態。那我們來看看妳的原生家庭，妳有一個哥哥，妳覺得父母愛妳多一點？還是愛哥哥多一點？

案主：我覺得愛哥哥多一些，因為我哥哥學業成績比我好。

趙中華：妳20歲前爸爸一直在外地工作？

案主：爸爸一直在外地賺錢，只是農忙季節回家一趟。我感覺我和媽媽相依為命長大的。

趙中華：妳從小缺失父愛，以至於影響到妳在婚姻中不知與丈夫如何相處，不知如何應對丈夫對自己的傷害，妳的行為就是為了尋找父愛。妳應該正確看待婚姻，每個人都希望婚姻是美滿的，但同時我也想告訴妳，婚姻不是生活的全部，婚姻只是妳人生的一部分。另外妳不要把孩子扯到婚姻裡，不論妳是否離婚，妳的孩子都是有爸爸有媽媽的，這個妳無須操心，何況孩子已經24歲了，成人了。我不是勸妳離婚，但在婚姻中一味妥協是於事無補的，我希望妳變得更強大，不管生活中遇到任何問題，妳都勇於面對。妳回想一

下，妳小時候有沒有特別渴望父愛的時候？

案主：小時候家裡很困難，感覺我媽媽、我哥哥和我二個人相依為命，非常無助，有時哥哥生病了，媽媽帶他去看病，晚上我一個人在家非常害怕。還有就是家裡房子很舊，蜈蚣和蛇經常進到屋裡，我也非常害怕，這些時候我都非常想爸爸。

趙中華：妳跟妳媽媽關係怎麼樣？

案主：我和媽媽關係滿好的。

趙中華：我們來排列一下，請一下代表（見圖 6-1）。

● 排列呈現

（引入老公代表、案主代表、外遇代表、兒子代表）

趙中華：大家根據感覺移動一下，你看外遇和你老公站得很近，妳像木頭一樣站在邊上。

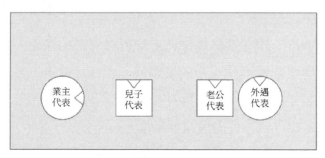

圖 6-1 各位代表排列呈現

案主代表：我想走近我老公，但靠近不了。

老公代表：我有點糾結，有點不捨，並不是特別厭惡我妻子，但看到她的眼神就不願意多說話。

趙中華：請爸爸媽媽代表上來（見圖 6-2）。

（引入爸爸代表、媽媽代表）

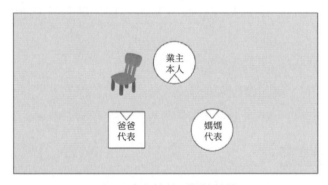

圖 6-2 案主摔枕頭發洩情緒

趙中華：我現在要請妳回到妳的小時候，回到妳 30 歲，回到妳 20 歲，回到妳 15 歲，回到妳 10 歲，妳現在是幾歲？

案主：5 歲。

趙中華：現在要請妳把妳童年對妳父親的需求，以及對父親的怨恨都放進妳手中的枕頭裡。妳每往前走一步，就回憶一下當年的事情，比如妳在外面受到委屈得不到爸爸的幫助等等。妳現在有什麼情緒說出來。

案主：爸爸，我恨你。

趙中華：聲音再大一點。妳為什麼不敢對老公說不？

　　道理是一樣的，很多孩子不敢跟父母說我恨你們，說不出來的，這需要很大的勇氣。繼續說。

　　案主：爸爸，我恨你。

　　趙中華：把恨放進枕頭裡，繼續往前走。把枕頭用力砸向椅子，妳可以一邊砸一邊罵，把情緒都發洩出來，最後把枕頭摔在地上，把它扔掉。

老師帶著案主一起說

　　爸爸，我對你的恨，由這個枕頭已經放下了，同時我也長大了，從今天開始，我想去面對我的人生路。

老師帶著父親代表一起說

　　女兒，從今天開始，妳長大了，妳不再是小女孩了，妳有能力做你自己，無論發生什麼，爸爸都跟妳在一起，妳比妳的婚姻更重要，妳的幸福最重要。

老師帶著母親代表一起說

　　女兒，媽媽愛妳，今天妳長大了，不再是小女孩了，妳有自己的人生，妳有自己的選擇，妳要為自己的人生負責任。

　　趙中華：你們擁抱一下。

　　爸爸代表：女兒，妳長大了，我祝福妳。

　　媽媽代表：女兒，妳長大了，媽媽祝福妳，媽媽永遠愛妳。

趙中華：感覺怎麼樣？

案主：輕鬆很多了。感覺我長大了。

趙中華：妳回家後以成人的心態和老公聊一下。

案主：我們溝通有障礙，往往是我還沒說完，他就吼起來。

趙中華：婚姻裡面最需要的是尊重。如果他吼你，妳就看著他的眼睛說，我們離婚吧。離婚還可以復婚。

案主：我是想給他一年時間，如果不行，我們就離婚。

趙中華：不能等待，冷戰是沒有意義的，妳必須溝通，溝通時把父母和孩子都請到現場，夫妻是平等的，丈夫不是爸爸，妳首先要長大，要有成人心態。妳丈夫現在的行為也是妳縱容的，他有錢去找外遇，沒錢給妳，妳想蛻變，就必須經歷這些痛苦，妳想要變成蝴蝶，就必須要捅破那個蛹，除非是妳不想做蝴蝶。安排個作業給妳，開始化妝，穿漂亮的衣服，穿裙子，打扮起來。另外每天對著鏡子鼓勵自己十遍，妳真美，妳真漂亮，妳真有魅力。

趙中華點評

想讓男人愛妳，不是做一個聽話的女人。真正幸福的婚姻，是有自己的價值，有自己的想法，有自己的主見，不能一味地妥協，否則妳會非常委屈、非常可憐、非常受傷。

討好與憤怒的一體兩面

案主：女士，42歲，希望改善夫妻關係。

趙中華：妳想問什麼問題？

案主：我在生活中總是想去討好別人，很害怕失去，討好老公，討好孩子。我想改變自己。

趙中華：妳上次發火是什麼時候？

案主：就是前不久，對我女兒發過一次火，她正處於叛逆期。對我老公幾乎沒有發過火。

趙中華：妳今天想達到什麼目標？

案主：改善夫妻關係。

趙中華：妳父母打過妳嗎？

案主：爸爸打過一次，他以為我未成年戀愛了，就打了我，其實我沒有未成年戀愛，是冤枉我的。

趙中華：媽媽打過妳嗎？媽媽，沒有。

趙中華：妳有兩個哥哥，是吧？

案主：是。

趙中華：妳小時候發過火嗎？

案主：我爸爸打我那次，我就發了好大的火。

205

趙中華：妳的討好是因為妳在害怕什麼？

案主：我害怕失去。有些事我是很憤怒，但在我老公面前，我不敢爆發。

趙中華：比如什麼事？

案主：有些需要夫妻共同承擔的事情，我老公家族就不讓他承擔，甚至建議我們離婚，我就不敢把自己的不滿意表達出來。

趙中華：回憶一下妳小時候發生了哪些事讓妳感覺壓抑？

案主：我七八歲時，父母吵架，好像是爸爸打了媽媽，然後我媽媽就說要離婚，要帶我走，我和媽媽跑到屋後小樹林裡，我很害怕。

趙中華：妳被嚇到了嗎？

案主：是一種恐懼，害怕父母真的離婚，我當時有種想保護媽媽的感覺。

趙中華：所以妳就要求自己不離婚，是吧？妳要做妳父母的拯救者，所以就成了討好型，去扮演一個討好父母的人，覺得自己不發脾氣，父母就不會分開，慢慢就成了討好型的生存姿態。還有其他印象深刻的事嗎？

案主：好像沒有其他的事了。

趙中華：一定還有，為什麼妳老公這麼欺負妳，妳都不

敢說話？一定有原因。

案主：叮能就是因為害怕失去。

趙中華：妳小時候失去過什麼？讓妳很傷心，讓妳這麼害怕這種恐懼。害怕失去是從什麼時候開始的？妳想一下。

案主：我不知是不是和我爸說過的一句話有關係。他說我們三姐妹，將來我是最幸福的，如果妳是個男孩子就好了。另外，小時候我家有一條狗，被別人毒死了，我記得那天我哭了很久。

趙中華：妳一直討好老公的原因是什麼？讓我們來排列一下看看，請一下代表（見圖 6-3）。

● 排列呈現

（引入案主代表、老公代表）

趙中華：隨著感覺移動一下，老公什麼感覺？

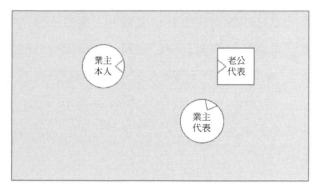

圖 6-3 各位代表排列呈現

老公代表：沒感覺。

案主代表：我就想靠近他一點。

趙中華：妳為什麼選一個女的做老公？這有寓意的。

案主：（面對老公代表）你為什麼什麼事情都要我做，做不好你還怪我，你就不是個男人。為什麼什麼都是我的錯，你的錯也是我的錯。為什麼你總是這樣對待我？你的家人怎麼能這樣對待我？你為什麼不替我說話？你為什麼不能像我爸一樣成為家裡的棟梁。什麼事情都是我做得多，什麼都是我的錯，你到底是不是個男人？家裡都是靠我，有任何錯誤都是我的錯。你不是個男人，我恨你！

趙中華：壓抑來自沒有表達，妳繼續。

案主：你有什麼資格這樣子對我，我恨你，我討厭你。你有多遠就走多遠。為什麼你看不到我對你的好，我恨你，我討厭你。

趙中華：妳知道為什麼妳這麼恨他，還離不開他嗎？因為沒有誰願意離開自己的父親，這個叫身分錯位。

案主：我剛結婚，爸爸就去世了，我覺得自己沒有盡孝。

趙中華：原來原因在這裡。請爸爸代表（見圖 6-4）。

（引入爸爸代表）

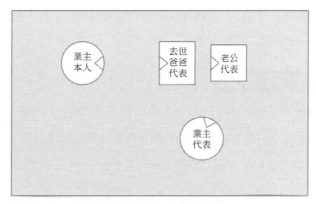

圖 6-4 案主和爸爸和解

趙中華：妳跟著我說一段話。

老師帶著案主一起說

爸爸，我好想你，無時無刻不在想你，甚至有一種愧疚，沒有盡到孝，爸爸，我需要你，在婚姻中，我一直在尋找你的影子，對方這麼欺負我，我還在忍受。

趙中華：有的人為了父母的一句話，犧牲自己的幸福，就因為爸爸說妳這輩子不允許離婚，孩子會認為這是隱藏的宗旨，不管多痛苦，我都不離婚，我不能背叛爸爸媽媽的話。我要聽話，我是乖孩子。

老師帶著爸爸代表一起說

爸爸的離開，是爸爸的命運，與妳無關，爸爸的心願，是希望妳過得幸福，妳才是最重要的。爸爸永遠跟妳在一

起，在生命的層面，我離開了妳，在靈魂的層面，我每天都
跟妳在一起。

老師帶著案主一起說

　　爸爸，有一天我們會相見的，但不是現在，也許是 50 年
之後，也許是 60 年之後，那個時候我再來好好陪你，現在
在我的生活當中，有些事我還記得，有一天我們會相見。爸
爸，我可以不聽話嗎？我可以做我自己的選擇嗎？

　　趙中華：給爸爸一個擁抱。

　　我安排一個作業給你，第一，每天說出三個孩子的優
點；第二，每天運動 10 分鐘，一邊運動一邊罵人，這兩個作
業堅持 21 天。

趙中華點評

　　討好是因為缺愛，但我們更應該注意的是討好背後的憤
怒，是無聲的憤怒，這種憤怒一定要發洩出來，否則後果會很
嚴重，憤怒對外就是破壞，憤怒對內就是折磨自己。所以長時
間討好的人內心都有一股憤怒，這種憤怒都沒有被看見，被壓
抑了很多年，健康就會出問題。

尋找離婚的原因，邁向新生活

案主：女士，30 多歲，希望改善自己的憤怒情緒。

趙中華：今天問什麼問題？

案主：改善在婚姻中的憤怒情緒。我在 7 年前離婚了。

趙中華：婚姻持續了多少年？

案主：8 年。我們兩地分居 7 年，最後 1 年在一起，兩地分居時他有外遇，和我在一起後也有外遇。

趙中華：離婚是誰提出來的？

案主：我提出來的。

趙中華：當妳發現他有外遇，妳就會感到憤怒，是嗎？

案主：對，一種被忽略的感覺。

趙中華：妳這種憤怒是發火還是冷暴力？

案主：有過當面的發火，但是更多的會有一些抱怨。

趙中華：現在你們還見面嗎？

案主：見面，有時候會帶著孩子一起吃飯，一起逛街。

趙中華：他再找了嗎？

案主：還沒有。

趙中華：丈夫出軌，憤怒是正常的情緒，但你們都沒有

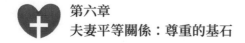
再找，這是為什麼？

案主：其實我是想找，就是感覺沒有碰到合適的。找過一個，在一起 2 年多。

趙中華：我感覺妳與人相處方面存在問題。妳和前夫異地 7 年，他還有外遇，一般人是受不了的，但妳沒離婚，在一起 1 年後又離婚了。關鍵是妳離了婚之後這 7 年都沒有再找。一個人缺少凝聚力，不懂得跟人相處的時候，婚姻就會出現很大的問題。妳父母打架嗎？

案主：讓我留下深刻印象的就是我父母打架的場面。

有一次我媽媽被我爸打傷了，被很多人抬出去了。還有一次他們在打架的時候，我就跑到我爸媽面前攔著，我想保護媽媽，然後爸爸把我往旁邊一扯，又繼續打。

趙中華：當時妳多大了？

案主：大概是六七歲的樣子。

趙中華：妳的老公對妳怎麼樣？

案主：我們沒有過肢體衝突，只有鬥嘴過。

趙中華：妳的父母脾氣都暴躁？

案主：對。他們兩個性格都非常暴躁，所以我的脾氣也暴躁。

趙中華：所以說我們講一個人肯定是原生家庭塑造出來的。還有什麼事？

　　案主：還有一件事情就是我 10 歲左右時被我媽打，我媽打我時就像瘋了一樣，扯著我頭髮打，一邊打一邊罵。

　　趙中華：什麼原因打妳？

　　案主：我和妹妹發生衝突，媽媽就打我。

　　趙中華：妳媽不止一次打妳，是吧？

　　案主：很多次。有一次，我怕媽媽打我，就躲到我爺爺奶奶家，把門鎖了，我媽媽用力敲門，我嚇得渾身發抖。

　　趙中華：我發現妳講這一段經歷，好像很開心？妳的悲傷去哪裡了？

　　案主：可能是我覺得我沒有被我媽媽抓到。

　　趙中華：妳在講被媽媽暴打的時候，展現給我的都是理性，甚至是有些麻木，正常情況應該是悲傷或者憤怒。所以妳在婚姻當中是不是也會出現這種情況，把自己的需求隱藏起來。

　　案主：對，不是特別敢表達自己的需求。

　　趙中華：妳經常哭嗎？

　　案主：在 2 到 3 年前哭得很少。但是後面會有，有時候悲傷時我就會哭出來。

　　趙中華：小時候還發生什麼事嗎？

　　案主：我上國小時，我父母經常晚上出去玩，家裡只有我和妹妹。有一次，他們把門從外面反鎖了，發生了火災，

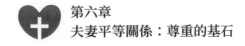

我爺爺奶奶看房子在冒煙，就跑過來把門砸開，把我們抱出去了。

趙中華：妳和父母有過情感中斷嗎？

案主：我十二三歲的時候，爸爸外出打工，出去30多年，中間很少回家。

趙中華：妳覺得自己冷漠嗎？

案主：我從小就冷漠。

趙中華：我們對話過程中，妳對情感的理解是不夠的。妳想一下在小時候到底發生了什麼事，讓妳變得這麼冷漠，為什麼妳害怕表達妳的需求？

案主：我在上學前班的時候別人嘲笑我，因為當時我爸媽媽吵架。

趙中華：妳的冷漠來自妳想要獲得愛，可是妳又不願意表達自己的愛，妳很害怕被別人知道妳的需求。

案主：是的。

趙中華：我們來排列一下，請一下代表。

● 排列呈現

（引入案主代表、爸爸代表、媽媽代表）

趙中華：跟著感覺移動一下，看一下你們三個人的關係，妳小時候害怕妳爸爸嗎？（見圖 6-5）

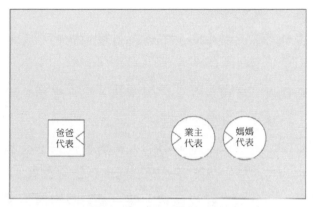

圖 6-5 各位代表排列呈現

案主：怕。他是那種很威嚴的，高高在上的。

爸爸代表：其實想和媽媽靠近，女兒　直擋在中間。

媽媽代表：就是心跳加快，很慌，然後就有擔心。

趙中華：妳父母發生衝突，是誰占上風多一點。

案主：爸爸。

趙中華：他們吵架是誰占主導地位。

案主：兩個人脾氣都大，我媽媽是嘴巴很厲害，我爸爸就是喜歡動手，兩個人都很強勢。我小時候總是害怕，要麼怕他們打起來了，要麼怕我媽突然衝進來打我，因為我媽媽有時候突然衝進我房間就把我抓起來打，扯頭髮往地上打，打耳光，全身都打，然後邊打邊罵。

趙中華：我猜妳老公找外遇和妳的冷漠有關係。

爸爸代表：其實從一上來就覺得女兒不應該站在中間，

讓我生氣，心裡很痛。

趙中華：妳站在中間，不但沒有幫到他們，反而讓妳爸爸更憤怒。

媽媽代表：我感覺女兒在保護我，我好感動。孩子們在我身邊，我就有力量跟他吵架。

趙中華：越憤怒、越強勢的人其實越孤獨，寂寞孤獨的背後是求助，憤怒的背後是求助，那你是什麼感覺？

案主：我覺得我好恨爸爸，他只會對我們指手畫腳，一點都不關心我們，特別是對媽媽一點保護都沒有，沒有身為一個男人的責任。

趙中華：妳有點身分錯位。妳把妳要對爸爸說的話說出來。

案主：爸爸，我恨你。你只知道罵，你只知道打，你知道我那個時候有多害怕嗎？你們兩個人經常打，你考慮到我們小孩子的感受嗎？感覺天都要塌了。你只知道指手畫腳，從來就不關心我們是什麼感受？我們需要什麼？你是最應該保護我的人，在我小時候，你保護過我嗎？你保護過媽媽嗎？你給了我一個和平的家嗎？你知道你們打架我有多害怕嗎？你有關心過我嗎？我想靠近你，走近你的時候，你的眼睛從來都不在我身上。你們兩個經常晚上出去，沒有多少時間好好陪陪我們，我晚上害怕的時候，你知道嗎？

趙中華：你聽完女兒這麼說，有什麼想法？

爸爸代表：還是沒有自責，她站到我和她媽媽的中間讓我很生氣，其實我一直是想去找她媽媽，但感覺她一直站在這裡，我找不出父親對孩子的愛的感覺，我和她媽媽中間沒有連繫。

趙中華：身為女兒，妳愛爸爸，也愛媽媽，更愛這個家。但妳是典型的盲目的愛。妳剛才所有的語言裡面有三種身分重疊，第一種身分就是女兒，第二種身分是伴侶，第三種身分是爸爸媽媽的父母，所以肯定就會很累很辛苦，妳背負太多東西。妳父母打架，那是他們兩個人的事，妳今天要從心裡面退出了。

老師帶著爸爸代表一起說

女兒，我有老婆，妳沒資格做我的老婆，妳只能做我的女兒。爸爸媽媽的事，爸爸媽媽會做，我知道妳很愛我們，同時，這是我們兩個人的事。

老師帶著媽媽代表一起說

爸爸是我的，而不是妳的，妳是女兒，妳只能做一個女兒能做的，回到妳女兒的位置。

趙中華：閉著眼睛。回到小時候。父母吵架時妳要攔著，現在，妳要放下手，不再攔在這裡，那是他們兩個人的

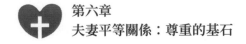

事，以後開始妳的人生，妳要開始追求妳的幸福。他們的事就讓他們自己去做。父母有父母的人生，妳有妳的人生。不應該總是糾纏在他們之間。

老師帶著案主一起說

從現在開始，我回到了我女兒的身分，我要去追尋我的幸福，我要去過我的人生，請允許我用這樣的方式來表達對你們的愛。我能做的我都做了，我不該做的，今天我也放下了。謝謝你們！

趙中華：往後退一步。這代表真正退出。妳現在需要趕快找個伴侶，妳未來需要把時間和精力放在他身上，他才是妳的未來，他才是妳的幸福，不應該把對父母的憤怒放在他的身上，他是無辜的。

安排個作業給妳。第一，開始化妝，讓自己更女性化；第二，養個寵物，妳自己養一段時間，或者兩三個月或者半年都可以，學著去跟寵物聯絡一下感情，這個對妳幫助會很大，妳需要提升感受能力。

趙中華點評

最好的父母是園丁，不能放任不管，更不能打罵，如果父母沒有給孩子足夠的愛，孩子就會冷漠，缺乏愛別人的能力，導致自己婚姻不幸福。

不需要犧牲自己的幸福來展現對家族的忠誠

案主：女士，30多歲，希望改善夫妻關係。

趙中華：想問什麼問題？

案主：如何能獲得婚姻幸福？

趙中華：結婚多久了？

案主：7年。

趙中華：現在什麼情況？

案主：想離婚，今年沒有在一起過年。

趙中華：那我們要達到什麼目標？

案主：不論我們是否能修復關係，我都希望未來能有一個幸福的婚姻。

趙中華：妳和妳前夫結婚多久？

案主：大約3年，但實際在一起也就一個月，我27歲時，一時衝動就和他去登記，後來我提出了離婚，我們沒有孩子。

趙中華：是你們之間有矛盾嗎？

案主：我感覺我被騙了，我們是國中同學，他說有個孩子，是他不到20歲時因為不懂事和一個女孩生的，後來一直自己帶孩子。當時我感覺他對我還滿好的，我覺得他一個人

帶孩子還挺負責任，我就選擇跟他在一起，到最後發現他其實有兩個孩子。

趙中華：妳和現在這個老公在一起 7 年了，是吧？然後有個女兒，對吧？

案主：是的。

趙中華：妳父母的關係怎麼樣？

案主：他們關係好的時候還不錯，但是小時候也覺得很多時候是吵架的。我爸爸基本上很少在家，我媽媽養家。

趙中華：妳和爸爸有親子關係中斷？

案主：小時候我爸爸基本沒有在家。我回想我和我爸爸在一起都是很美好的，他買好吃的給我，一起唱歌，背著我去我外婆家，但他在家的時間特別少。

趙中華：我發現妳現在找老公也是有點像找爸爸。

案主：希望找一個能聊得來的，而且我發現我談戀愛的對象基本上都是異地。

趙中華：這是隱藏的忠誠，儘管妳發現前夫和別人生了孩子，可是妳還是沒有離開他，還覺得這個男人很不錯。妳覺得只要他做到了妳爸爸這個樣子，妳就不會離開他。

案主：對，我在情感方面有依賴性，我做事像我媽媽，挺能幹的，就是在情感方面非常希望得到對方的關心和愛。

趙中華：聊聊妳媽媽。

案主：我媽媽既能幹又漂亮，對長輩都很孝順，她很包容，對我們完全是無條件接納。

趙中華：看來妳對妳媽媽的評價很高，美麗、孝順、賢惠、溫柔、堅韌不拔。妳為什麼形容妳爸有點「渣」？

案主：周圍人對我爸評價都不好，認為他經常不在家，在外面有風流韻事。

趙中華：如果女兒認為自己的父親渣的時候，妳在找老公時會在他身上找爸爸的影子；如果爸爸渣老公不渣，妳就會覺得對不起爸爸，這個也叫隱藏的忠誠。妳妹妹結婚了嗎？他們婚姻怎麼樣？

案主：她結婚了，也是異地，一直沒有小孩。

趙中華：妳講一卜妳的成長經歷？哪些事情對妳影響較大？

案主：我 9 歲時，我媽媽離開家 1 年，前半年我和妹妹寄養在姑姑家裡，後半年是我爸爸帶我們。

趙中華：妳父母吵架會發生肢體衝突嗎？

案主：一般是砸東西。

趙中華：妳幫誰多一點？

案主：我一般有點像裁判。我會拉他們，我媽媽會吵得很厲害，我爸爸一般處於逃避狀態，看起來是我爸爸犯了錯，我媽媽要去跟他吵，我一般會把我媽媽拉開。

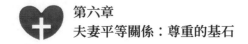

趙中華：我們來排列一下，請一下代表（見圖 6-6）。

● 排列呈現

（引入爸爸代表、媽媽代表、案主代表）

趙中華：形容一下父母吵架的樣子。

案主：我媽一邊哭一邊罵我爸，還撞牆。我爸爸一般有點躲避，但是有時候也會勸我媽媽不要傷害自己。我爸爸很孤單，我弟弟很無助，我妹妹參與感不強，家庭氛圍不是特別好。

趙中華：婚姻的模板來自原生家庭，一旦發現原生家庭不幸福，自己就要改變。妳爸爸很孤單，同時你們四個人都很渴望這個男人的愛，非常需要他。

在婚姻中，妳代表的到底是誰？妳代表的是媽媽，妳在重蹈妳媽媽的覆轍。

（引入前夫代表、老公代表）

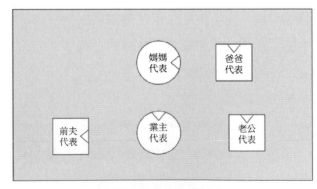

圖 6-6 各位代表排列呈現

前夫代表：我想保護她，可是不知道為什麼她總是躲我。

老公代表：我的心跳得厲害，沒有方向感。

趙中華：妳現在的老公可能有點沒有方向感，到底離還是不離，也搞不清。

妳一直跟著媽媽後面，這是很典型的身分等同。妳如果想要婚姻幸福，妳要從妳媽媽這個身分裡面出來。就是妳跟妳媽媽在一起時間太久，然後這個爸爸又沒有跟妳在一起。所以說妳跟妳媽基本就可以說連成了一個人。媽媽的情緒就變成妳的情緒。妳和老公的關係永遠是疏離的。

老師帶著案主一起說

媽媽，我很愛妳。甚至為了愛妳，我願意犧牲我自己，犧牲我的婚姻，犧牲我的幸福，甚至不惜一切代價犧牲自己。

趙中華：妳看到女兒這麼說，什麼感覺？

媽媽代表：很有壓力。

趙中華：妳希望別人這樣去模仿妳，犧牲自己嗎？

媽媽代表：不希望，希望她活成她自己。

老師帶著案主一起說

媽媽，我想做我自己，可以嗎？我不是妳，我可以過我自己的人生嗎？可以嗎？

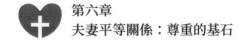

趙中華：媽媽的人生，媽媽的痛苦，妳不需要做隱藏的忠誠，妳完全有資格婚姻幸福，不管是現在的老公，還是妳未來的老公，都不需要變成跟她一樣。因為從小妳媽媽給了妳太多的愛，在妳心目中妳很在乎妳媽媽，但必須要掙脫出來，擁有自己的人生。

老師帶著案主一起說

媽媽，從今天開始，我長大了，我會擁有自己幸福的婚姻，我會快樂地生活下去，請妳允許我用這樣的方式來表達我對妳的愛，媽媽，我愛妳。媽媽謝謝妳，妳是我的媽媽，同時我是妳的女兒，今天我長大了。

老師帶著案主一起說

爸爸我很愛你，我心目中你很重要，甚至我找老公的標準都跟你差不多，現在我明白了，你是我的爸爸，沒有人能代替你，你永遠是我的爸爸，謝謝你，爸爸，我愛你。

趙中華：向爸爸鞠躬。現在退出了。妳成熟了，妳長大了。擁抱一下父母，感受一下父母的愛，有感覺嗎？

案主：有。

趙中華：妳成長過程中有沒有叛逆過？

案主：不算多。

趙中華：妳有沒有拒絕過妳媽媽？

案主：很少。

趙中華：安排作業給妳，回去之後找個機會跟媽媽說一句這樣的話，媽媽，這是妳的想法，我很尊敬你，但我想做我自己，可以嗎？

案主：好的，謝謝！

趙中華點評

　　父母的婚姻往往是孩子的模板，孩子會不白覺地模仿，這在心理學中叫隱藏的忠誠，沒有人能傷害你，除非你允許他傷害，沒有人能控制你，除非你允許他控制。自己主動改變，才能改變婚姻的現狀。

轟轟烈烈的愛情，現實與小說的距離

案主：女士，30多歲，希望改善夫妻關係。

趙中華：今天想問什麼問題？

案主：我感覺不到愛，雖然我老公一直說愛我，但我感受不到，我感覺以前中了瓊瑤的毒。我小時候看到我一個姐姐，我親眼看到她跟我一個表哥感情很好，他們就是那種轟轟烈烈的愛情。她又喜歡看瓊瑤的小說，我也跟著看，看了以後我感覺從來沒有嘗過轟轟烈烈的愛情，我感覺我這輩子沒人愛過我，我好像也沒愛過人一樣。別人說愛我，我從來沒有那種心跳的感覺。

趙中華：妳覺得別人也不夠愛妳，是嗎？就算有人對妳好，妳也感覺不到愛，是這個意思嗎？

案主：是的。

趙中華：在妳的成長經歷中發生過什麼？

案主：我覺得唯一讓我有心跳感覺的是我的那頭牛，我趴在牠背上的感覺，尤其是牠帶著我奔跑的感覺好刺激，那是心跳的感覺。

趙中華：那時候妳多大？

案主：應該是 3 歲到 8 歲。

趙中華：那就 5 年了，後來發生了什麼？

案主：別人殺死了我那頭牛，然後我就感覺不到愛了。當時他殺我牛的時候，偏偏又被我看到，那頭牛撕心裂肺地在那裡呼喚我，那種叫，很悽慘，我現在還能感受到牠那種呼喚，就是在跟我說，要我去救牠。可是我當時只有 8 歲，我真的非常想救牠，因為我從小害怕跟我爸爸講話，我第一次飛奔著跑回家求我爸爸救救牠，可是我爸爸沒有理我。我當時覺得天都塌了。你不知道我們家那頭牛真的好有靈性的，因為小時候我爸爸媽媽很忙，都在外面，很少在家裡陪我，我基本上是屬於放養的那種。我走累了只要張開手，牠就趴下來讓我騎牠，我只要站在牠前面不動跺跺腳，牠就能知道我想幹嘛，牠就能跪下來，讓我騎上去。可以說我是被牠帶大的。

趙中華：妳小時候和父母有親子關係中斷嗎？

案主：沒有親子關係中斷，我爸爸媽媽都在我身邊，但是我從來沒有感受到爸爸媽媽的愛。

趙中華：聊聊妳的爸爸。

案主：我的父親除了不是一個好爸爸外，其他真的很優秀，我父親在別人面前他是非常幽默風趣的，是非常正直的人，而且很受人尊敬和受人愛戴的，方圓十里，大家非常擁

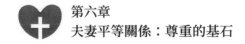

護他，別人不管在家裡發生什麼矛盾也好，或者人家房子設計也好，都請他，他是一個非常能幹的人。

趙中華：感覺妳很崇拜妳父親，妳為什麼說他不是一個好爸爸呢？

案主：我特別崇拜。但我感覺他對我很冷血，很冷漠，反正就是不理不睬的那種。我感覺我是多餘的，我爸爸本來就希望我是男孩子，偏偏我又是女孩子。

趙中華：講講妳的母親吧。

案主：我母親因為沒讀過書，是以夫為天的那種，我爸說什麼是什麼，我感覺她沒有自己的主見，她很能吃苦，很勤勞。

趙中華：妳媽媽跟妳爸爸的關係怎麼樣？

案主：我覺得我媽媽跟爸爸的關係應該一般吧，我爸爸說什麼就是什麼，她也不會反對，我也沒看到他們吵架。

趙中華：妳指的愛的感覺是什麼感覺？

案主：就是我很想靠近妳那種感覺。我跟我那頭牛我就很想靠近，我一有時間就跟牠在一起玩，比如我跟我那頭牛，哪怕牠很髒，我也喜歡跟牠一起玩。對。我發現雖然我很愛孩子，但我內心總覺得和他們還是有一定距離的。

趙中華：妳這種不願意靠近是想獲得什麼？

案主：我不知道，我也想靠近，不知道為什麼做不出

來，因為人和人之間確實沒有那種感覺。

趙中華：我們來探索一下（見圖 6-7）。

● 排列呈現

（引入麻木的代表、牛的代表）

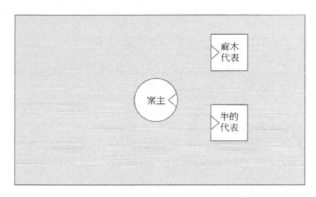

圖 6-7 案主和牛告別

趙中華：現在閉上眼睛，現在要求妳回到你 3 歲的時候，妳跟牛在一起的日子，從 3 歲到 8 歲這五年的時間，你們的點點滴滴，回憶一下當時你們一起經歷了什麼，一起發生了什麼，允許自己有情緒。

妳再回到當時妳看到妳那個牛被殺，而 8 歲的妳無能為力的時候。妳產生一種愧疚，害怕再付出愛，同時害怕被傷害，有這種感覺了可以睜開眼睛，把妳這麼多年一直想表達而沒有表達的話說出來。

案主：你不要走，我求求你不要走。

牛的代表：我的離開，與妳無關。

案主：你不要走。

趙中華：跟著我一起說。

老師帶著案主一起說

當時我沒救到你，我很愧疚，對不起！我當時只是個孩子，我求了我爸爸和我媽媽，但爸爸沒理我，我恨他。

趙中華：你恨爸爸，你是透過這個事情延伸到跟父親的關係了。

老師帶著案主一起說

牛，你已經走了，我當時只有8歲，能做的都已經做了。

案主：我沒做到。

趙中華：你當時能做的已經是最好了。

案主：我當時告訴他們不應該殺牠。

趙中華：你非要這樣內疚有什麼意義呢？你想做什麼？已經幾十年過去了，還這樣抓著不放嗎？你當時只是個孩子，如果這頭牛也很愛你，它希望看到你這樣嗎？

案主：肯定不希望。

老師帶著案主一起說

你已經走了，我當時能做的已經做了，在這件事當中，我有份愧疚，我現在把不屬於我的還給你。謝謝你曾經陪伴

我，讓我懂得了什麼是愛，謝謝你！我愛你！我把你放在我的心中，有一天我們會相見的，但不是現在，我有一些事情還沒有完成，我還有家庭和孩子，等我的事情完成了，也許幾十年後的某一天，我們還能相見，謝謝你！

趙中華：向牠鞠躬。這件事沒有結束，妳就無法開始，無怨、無悔、無愧、無憾，四無，你就活在愧疚裡面，覺得當時沒救到牠，其實妳當時只有 8 歲，已經做到最好了。

老師帶著牛的代表一起說

我祝福妳，希望妳像以前一樣快樂，我的死與妳無關。謝謝妳！

趙中華：把妳對爸爸的恨表達出來。

案主：我很愛你，我很恨你，我又愛你又恨你。你真的不知道那種又愛又恨的感覺是什麼，你真的不理解那種又恨又崇拜的感覺是什麼，你根本不知道。到你臨走的時候，我都無法表達出這份感覺。你知道嗎？

趙中華：把恨表達出來。往後退一步，抱著這個枕頭，每一件恨的事就裝在裡面，從小開始一直到你長大，所有的恨放到裡面。

案主：我恨你的冷漠，為什麼你從小就看不到我。我恨你在我不同意的情況下，把我過繼給大伯。我恨你希望我是一個男孩子，把我當男孩一樣養大，可是我內心多麼希望我

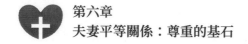
是女孩子，我跟別人學掏鳥窩、學抓泥鰍、學爬樹，我樣樣都會。我為了愛你，我從小拒絕踢毽子，從小拒絕唱歌跳舞，你知不知道我現在多麼恨你。其實我也想成為一個女兒，別人都說我男不男女不女，你知道我有多傷心嗎？我恨你和哥哥兩個人吃雞蛋，我和媽媽在那裡看，直流口水，我多麼希望我跟哥哥是一樣的對待，男孩子真的對你這麼重要嗎？可是現在哥哥變成什麼樣了？還不是要我來養？你的兒子哪裡去了？

趙中華：最後一步，把所有的恨全部放到枕頭裡。把這個枕頭摔在椅子上，多摔幾下，發洩出來，用力摔。

案主：我恨你，我恨你，我恨你。

趙中華：如果覺得可以了就放下吧，現在舒服多了嗎？爸爸，看到女兒這樣，有什麼話想說？

父親代表：其實爸爸也很愛你。我不知道以前我給過你那麼多的傷害，讓妳那麼恨我，在內心裡有愧疚和自責，其實對孩子來講，不管是哥哥還是妳，我一樣愛你們。

趙中華：妳爸爸對妳的傷害是真的，對妳的愛也是真的。跟著我說。

老師帶著案主一起說

爸爸，我有資格做女兒嗎？我想做一個女人，可以嗎？謝謝你，爸爸。

父親代表：可以。

趙中華：跟爸爸鞠躬。看著爸爸的眼睛說。

老師帶著案主一起說

爸爸，我很崇拜你，我很需要你的愛，我需要你看見我，爸爸，從今天開始，我以一個女兒的身分來愛你。

趙中華：妳最渴望爸爸跟妳說哪三句話？

案主：我希望爸爸說，女兒妳是我的驕傲，爸爸很愛妳，其實妳一直是優秀的。

父親代表：女兒，妳是我的驕傲，爸爸很愛妳。

趙中華：在爸爸離開的時候，你有什麼話想說，而一直沒說的嗎？

案主：其實你是我這一輩子是最崇拜的人，我一直帶著我爸爸的光環長大。雖然我很沒用，但是他在方圓十裡做了很多好事，別人一知道我是他的女兒，都會對我另眼相待，所以我才那麼安全，那麼輕鬆地長大。

趙中華：跟我一起說。

老師帶著案主一起說

爸爸，你是我的驕傲，我以你為榮。謝謝你帶給我生命，讓我看到這個世界。謝謝你，爸爸，我愛你。你對我的傷害，我已經放下，我現在開始懂得了愛，明白了愛，爸

爸，謝謝你！爸爸，我愛你！

趙中華：妳要看到妳爸爸的不容易，妳爸爸能夠把你們養大，非常難得。他為什麼要男孩？妳要理解他。跟我說。

老師帶著案主一起說

我做不到，對不起！爸爸，我會愛你的。

趙中華：我覺得妳最需要接納的就是妳的父親，因為只有妳接納了妳父親，妳才願意接納妳老公，接下來給爸爸一個擁抱，妳願意嗎？

案主：願意，其實我一直很崇拜我爸爸，也很愛他，只是恨他對我的冷漠、疏離。

趙中華：現在已經過去了，剛才都已經放下了，回去繼續摔枕頭，直到你摔到舒服為止，唯有愛才能化解，唯有愛才能讓我們前行。給爸爸一個擁抱。去感受一下父親的不容易，父親也許不是完美的父親，但是他的愛一直都在。有時候父親對你的愛都是無聲的愛，父親如山，他可能愛的方式不一樣，他可能愛的時候會讓妳很難受，但他對妳的愛從來沒有改變過，要去感受他。把妳那種麻木，從這一刻開始釋懷，從這一刻開始放下，從這一刻開始接納，妳是一個值得愛的人，妳是一個值得擁有幸福的人，妳是一個很善良的女孩子。妳能夠因為一頭牛而惦記這麼多年，證明妳是多麼善良，多麼有愛，妳傳承了妳父母的善良。

案主：爸爸，我愛你。你知道我有多崇拜你嗎？爸爸我愛你。

老師帶著爸爸代表一起說

女兒，對不起！爸爸曾經傷害了妳，但爸爸愛妳這件事從來沒變過。妳要崇拜自己，爸爸這輩子做得最自豪的事，就是有了妳。女兒，謝謝妳！爸爸愛妳！

案主：爸爸，我愛你。

父親代表：我也很愛妳。

趙中華：從這一刻開始，把妳的心融化，開始感受到愛，妳不缺愛。妳能感受到愛，妳是個很善良的人。妳在3歲的時候就能感受到愛，這一刻一直都在，唯有放下恨，妳的愛才能出現；只有放下了恨，妳的愛才能重新開始。

我希望從這一刻開始，妳感受到什麼是愛，什麼是關心，把那一顆冰冷的心融化，讓我們重新開始。

如果可以為父親做一件事，你願意為他做一件什麼事？現在父親不在了。

案主：我願意為他種棵樹。

趙中華：每年去看看他。現在感覺怎麼樣？

案主：輕鬆多了。

趙中華：麻木去掉了，這是好事，臉現在泛著紅光。

妳的作業是每天向身邊三個人表達妳的感受，任何人都

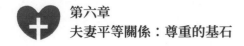

行。比如我今天感覺到我不開心，或是我感覺到快樂，擁抱三個人，堅持 21 天。

趙中華點評

有很多女性的煩惱來自父母想要兒子，而自己卻是女兒，她既想成為父母想要的男孩的堅強，又想成為自己女孩的美麗，這是嚴重的身分錯位，活得很痛苦，海靈格發現女性中有很多這方面的問題。

後記

　　在我做諮商的職業生涯中，每一個個案都讓我感觸良多，很多心理問題困擾著案主一生，我感覺我一個人的力量有限，我希望把我諮商的個案用書的形式呈現給讀者，讓有同樣心理問題的讀者從中受益。

　　我要感謝參加我家庭系統療癒個案工作坊的學員，因為你們的勇敢才有這本書的誕生，你們的故事將透過這本書幫助到更多的讀者，這是值得欣慰的事。很多學員透過諮商發生了很大改變，同時他們用自己學到的知識影響著周圍的人，讓大家的關係產生良性互動，看到你們發來的感謝簡訊，談到諮商後個人的成長和家庭關係的改善，我由衷地高興，並衷心地祝福你們。

　　我還要感謝我的父母、愛人、孩子，感謝你們在我前行的路上給予我的滋養。實際上，我的很多覺醒正是來源於你們，沒有你們就沒有我的今天，我們是相伴而行，共同成長，互相成就。感謝今生有你們。

　　我更要感謝我人生路上的很多導師，正是你們的知識給了我很多的啟發與收穫，啟迪了智慧，喚醒了靈感，讓我能夠集各位老師之所成，建立自己的家庭系統療癒課程。正是

因為有你們，才讓我堅定地在這條路上走下去，能夠讓這個家庭系統療癒體系更完善。

我也要感謝夥伴，是你們的陪伴讓我更有信心，是你們的付出讓公司發展得更好，感謝你們與我一起將家庭系統療癒傳播得更廣，幫助更多家庭獲得幸福。

電子書購買

爽讀 APP

國家圖書館出版品預行編目資料

洞見人的渴望，家庭系統治癒法，心理諮商師的
真實記錄：重建心靈的堡壘，找回堅強，走向內
心的和解與平衡 / 趙中華 著 . -- 第一版 . -- 臺北
市：崧燁文化事業有限公司 , 2024.06
面；　公分
POD 版
ISBN 978-626-394-358-2(平裝)
1.CST: 家庭關係 2.CST: 家族治療 3.CST: 家庭心
理學
544.1　　　113007363

洞見人的渴望，家庭系統治癒法，心理諮商師的真實記錄：重建心靈的堡壘，找回堅強，走向內心的和解與平衡

臉書

作　　　者：趙中華
發 行 人：黃振庭
出 版 者：崧燁文化事業有限公司
發 行 者：崧燁文化事業有限公司
E - m a i l：sonbookservice@gmail.com
粉 絲 頁：https://www.facebook.com/sonbookss/
網　　　址：https://sonbook.net/
地　　　址：台北市中正區重慶南路一段 61 號 8 樓
8F., No.61, Sec. 1, Chongqing S. Rd., Zhongzheng Dist., Taipei City 100, Taiwan
電　　　話：(02) 2370-3310　　　傳　　真：(02) 2388-1990
印　　　刷：京峯數位服務有限公司
律師顧問：廣華律師事務所 張珮琦律師

定　　　價：320 元
發行日期：2024 年 06 月第一版
◎本書以 POD 印製